DAS
SLIMANI
PRINZIP

D1993324

Eden
BOOKS

DAS SLIMANI PRINZIP

INHALT

DER SLIMANI-FEELGOOD-FACTOR 158

VORWORT

Wir sind Dounia, Lamiya und Sami. Wahrscheinlich kennst Du uns von YouTube – da posten wir regelmäßig Videos mit Tutorials und praktischen Tipps und Tricks, wie man seinen Alltag schöner macht. Wir lieben das Leben und glauben, dass man alles erreichen kann, wenn man sich nur richtig reinhängt. Diese Einstellung hat uns dahin gebracht, wo wir heute sind – und jetzt wollen wir sie mit Dir teilen!

Das Slimani-Prinzip vereint all unsere Grundsätze, die uns dabei helfen, ein glückliches Leben zu führen und unsere Träume zu verwirklichen. Wir erzählen unsere Geschichte und verraten Dir unsere Leitsätze für ein Leben voller Glück und Erfolg. Wir teilen unsere Lieblingsrezepte, tolle Wohn-DIYs und Pflegegeheimnisse mit Dir und geben Tipps, wie Du mit Dir selbst und Deinem Aussehen zufrieden bist. Wir helfen Dir dabei, Deine Ziele zu erreichen und Dich nicht unterkriegen zu lassen – egal von wem.

Willst auch Du das Beste aus Dir herausholen und alle Deine Träume wahrmachen? Kein Problem, wir zeigen Dir, wie Du es mit nur kleinen Änderungen schaffen kannst – mit dem *Slimani-Prinzip!*

Das sind wir – DIE SLIMANIS!

Hi, ich bin *Sami!* Ich bin der Jüngste der Slimani-Geschwister und der Visionär in der Familie. Schon von klein auf habe ich viel Zeit damit verbracht, meinen Träumen nachzuhängen und mir auszumalen, wo ich in meiner Zukunft einmal hinwill. Aber ich verliere mich nicht in Luftschlössern – ich arbeite hart für meine Träume und glaube, dass ich mit genug Einsatz und Disziplin alle meine Ziele erreichen kann. Unter uns drei Geschwistern bin ich der kreative Kopf: Ich gehe sehr verspielt durchs Leben, probiere alles einmal aus und suche ständig neue Herausforderungen. Wenn ich eine Idee habe – und davon habe ich viele! –, wird sie sofort umgesetzt. Dass etwas nicht funktioniert, glaube ich erst, wenn ich es probiert habe. Eine weitere Eigenschaft von mir: Ich bin sehr einfühlsam und kann mich gut in andere Menschen hineinversetzen. Meine sensible Art habe ich wohl der Tatsache zu verdanken, dass ich als einziger Junge zwischen zwei Schwestern aufgewachsen bin. Meine Familie bedeutet die Welt für mich und ich weiß nicht, was ich ohne sie tun würde. Sie unterstützen mich bei allem, was ich tue, und glauben daran, dass sich alle meine Träume einmal erfüllen werden. Viele davon sind schon wahr geworden – einer davon ist dieses Buch. Ich bin überzeugt, dass Ziele das Leben erst richtig lebenswert machen, und hoffe, auf den folgenden Seiten etwas von meinem Kampfgeist und meiner Willenskraft an die Leser dieses Buches weitergeben zu können. Denn für seine Träume zu kämpfen, zahlt sich immer aus!

Hey, ich heiße *Lamiya!* Ich bin die goldene Mitte der Slimani-Geschwister und habe meistens viel zu viel Energie. Aber das ist gut, denn damit stecke ich meine Geschwister an und so unterstützen wir uns gegenseitig. Ich gehe sehr impulsiv durchs Leben und bei wichtigen Entscheidungen bedeutet es mir viel, auf meine innere Stimme zu hören und mich von meiner Intuition leiten zu lassen – denn ich glaube, ganz tief drinnen weiß jeder am besten, was gut für ihn ist. Diese Stimme hat mich in meinem Leben nie enttäuscht und mich immer die richtige Entscheidung fällen lassen. Habe ich einmal eine Entscheidung getroffen, stehe ich zu hundert Prozent hinter ihr und verfolge den gewählten Weg mit aller Entschlossenheit. Überhaupt wirke ich nach außen hin sehr tough, aber eine andere Seite von mir ist emotional und sensibel. Unter der Oberfläche verbirgt sich eben ein weicher Kern. Manchmal reicht es sogar schon, wenn ich ein süßes Katzenvideo anschaue, und schon fließen bei mir die Tränen. Ich lasse mich allerdings nicht total von meinen Emotionen überwältigen, sondern behalte immer die Realität im Blick und den Fokus vor Augen. Ich weiß, wo ich hinmöchte, und verfolge meinen Weg beharrlich und diszipliniert. Meine unerschöpflichen Energievorräte machen mich zur Entertainerin in der Familie. Ich liebe es, zu singen und andere Menschen zu unterhalten. Musik ist mein Leben. Und: Mit mir gibt es immer etwas zu lachen! In dieses Buch habe ich meine ganze Energie und Lebensfreude gesteckt – und ich hoffe, dass alle, die es lesen, sich etwas davon abschauen können.

Hallo, mein Name ist *Dounia!* Ich bin die Älteste von uns drei Geschwistern und wie man es von einer großen Schwester erwartet, bin ich auch die Verantwortungsvollste und Gewissenhafteste im Bunde. Schon von klein auf bin ich ein Kopfmensch und gehe sehr rational an die Dinge heran. Ich habe gern den Überblick über die Situationen, in denen ich mich befinde: Wenn ich mit meinen Geschwistern oder mit anderen Leuten zusammensitze, bin ich meistens die stille Beobachterin, die dem Gespräch aufmerksam folgt und das Gesagte genau analysiert. Natürlich lebe ich aber nicht nur in meinem Kopf! Früher war ich sehr schüchtern und zurückhaltend, aber wenn ich mich heute in einer Situation wohlfühle, kann ich mich richtig fallenlassen und bin dann auch laut und gesellig. Habe ich erst mal zu jemandem Vertrauen gefasst, lege ich dieser Person die Welt zu Füßen. Überhaupt ist das mein Motto in allen Lebenslagen: Entweder ganz oder gar nicht. Wenn ich mir einmal etwas in den Kopf gesetzt habe, dann lasse ich mich nur schwer wieder davon abbringen. Da bin ich dann stur. Meine Ziele verfolge ich mit vollem Einsatz und mit viel Leidenschaft. Niemals möchte ich mir im Nachhinein vorwerfen müssen, dass ich nicht alles gegeben habe. Ich gehe mit offenen Augen durch die Welt und lerne gern neue Menschen kennen, denn ich liebe es, von anderen zu lernen und meinen Horizont zu erweitern. Es ist mir wichtig, mich immer weiterzuentwickeln, denn Stillstand ist für mich ein Grauen. Sami, Lamiya und ich sind völlig unterschiedlich, aber es sind die gleichen Werte, die für uns alle an erster Stelle stehen: unsere Familie, Treue, Liebe und Ehrlichkeit. Diese Prinzipien sind es, die uns ausmachen und die wir mit diesem Buch an die Menschen da draußen weitergeben wollen.

DER SLIMANI-SPIRIT

Sami:

NICHTS IST UNMÖGLICH:

GLAUB AN DEINE TRÄUME UND LEBE SIE!

Ich bin jetzt 24 Jahre alt, tue jeden Tag, was ich liebe, und bin dabei von Menschen umgeben, die mich unterstützen und mich inspirieren. Ich kann voller Überzeugung sagen: Ja, ich lebe meinen Traum. Hätte mir das vor zehn Jahren jemand vorausgesagt, hätte ich ihm wohl kein Wort geglaubt. Und ehrlich gesagt finde ich es immer noch ziemlich unglaublich – aber genau so ist es! Meine Geschichte ist wahrscheinlich das beste Beispiel dafür, dass Träume in Erfüllung gehen können, wenn man nur fest genug an sie glaubt und sich durch niemanden davon abbringen lässt. Aus eigener

Erfahrung kann ich sagen: **Der Weg zur Erfüllung Deiner Träume ist oft hart und erfordert viel Arbeit – aber am Ende lohnt sich das Durchhalten.**

Meine Einschulung, 1996. Damals wusste ich noch nicht, wie schwer meine Schulzeit werden würde – aber das Durchhalten hat sich gelohnt.

Früher sah mein Leben noch ganz anders aus: In der Schule war ich nicht gerade beliebt – eher das Gegenteil. Als ich aufs Gymnasium kam, schaffte ich es nicht, Anschluss zu finden. Ich war von Anfang an ein Außenseiter und wurde von meinen Mitschülern gemobbt. Es war, als hätten sich alle gegen mich verschworen. Sie zeigten mit dem Finger auf mich und beleidigten mich – jeden Tag. Und weil ich der wohl schüchternste kleine Junge auf der ganzen Welt war, traute ich mich auch nicht, mich zu wehren oder jemandem davon zu erzählen. Ich war allein mit meinem Kummer und fand meinen Trost lediglich im Essen. Doch die zusätzlichen Kilos, die mir das bescherte, machten mich natürlich auch nicht beliebter. In dieser Zeit ging ich jeden Abend weinend ins Bett und wünschte mir nichts sehnlicher, als endlich so akzeptiert zu werden, wie ich war. Doch schon damals, in dieser schweren Zeit, in der ich den düstersten Gedanken nachhing, gab es einen Funken Hoffnung in mir drin, der mir dabei half, nicht aufzugeben. Irgendwo ganz tief in meinem Inneren war ich überzeugt: **Es wird besser werden. Jede schwere Zeit in Deinem Leben ist nur eine Station auf Deinem Weg, die Du einfach passieren musst, um irgendwo anders anzukommen - irgendwo, wo die Sonne für Dich scheint.**

Dieser Gedanke gab mir Kraft und hielt mich über Wasser. Ich versuchte, mich auf die positiven Seiten zu konzentrieren und mich von den Hänseleien nicht unterkriegen zu lassen. Zuversicht gewann ich außerdem online – durch YouTube. Die Plattform, die zu dieser Zeit noch ganz neu war, faszinierte mich. Ich schaute mir die Videos fremder Menschen an, die sich im Internet eine Community aufbauten, sich vernetzten und gegenseitig inspirierten. Und in mir wuchs langsam der Wunsch, ein Teil dieser großen Gemeinschaft zu werden. Ich wollte mich vor die Kamera stellen und mich der Welt da draußen so präsentieren, wie ich war – vielleicht gerade, weil ich in meinem Umfeld genau so nicht akzeptiert wurde. Und jetzt komme ich zu einem Punkt, der unglaublich wichtig ist: **Man muss sich erlauben, Träume zu haben und sich von seiner Begeisterung leiten zu lassen.** Das ist nicht selbstverständlich. Oft denken sich Menschen: Ja, das würde ich gern tun – und verwerfen diesen Gedanken dann sofort, weil sie glauben, dass ihre Träume unrealistisch sind, oder sie nicht genug Vertrauen in sich selbst haben. Sie wollen auf dem Boden bleiben und sich nicht in Luftschlössern verlieren. Aber ganz ehrlich: **Was wäre das Leben ohne Träume? Und wer sagt, dass sie nicht in Erfüllung gehen können? Wichtig ist nur, an sie zu glauben und den ersten Schritt zu machen.**

Und genau das tat ich! 2009 lud ich mein erstes Video auf meinem eigenen YouTube-Kanal hoch – und freute mich wie verrückt über die ersten zehn Klicks. Was dann folgte, hätte ich nicht für möglich gehalten: Immer mehr Menschen schauten sich meine Videos an und gaben mir positives Feedback. Sie fühlten sich von mir und meiner Message angesprochen und bestärkten mich in dem, was ich tat. Endlich hatte ich das Gefühl, als der Mensch akzeptiert zu werden, der ich war. Und ich wurde nicht nur akzeptiert – die Leute fanden mich sogar toll! Das machte mich unbeschreiblich glücklich und ich war froh, all meinen Mut zusammengenommen und diesen ersten Schritt gemacht zu haben. Wie mein Leben jetzt aussehen würde, hätte ich damals nicht dieses erste Video hochgeladen? Ich kann es mir kaum vorstellen! Deswegen noch mal: **Glaube an Dich und Deine Träume! Jeder noch so lange Weg fängt mit einem kleinen Schritt an – aber Du bist es, der ihn gehen muss. Du bist der Schreiber Deiner eigenen Geschichte!**

Natürlich bekamen irgendwann auch meine Klassenkameraden Wind davon, was ich auf YouTube machte. Und wie zu erwarten war, ließen sie keine Chance ungenutzt, sich deshalb über mich lustig zu machen. Ich kann mich gut an eine Situation erinnern, in der in der Schule eines meiner Videos mit dem Beamer an die Wand gestrahlt wurde und die gesammelte Klasse davor saß und lachte. Das tat weh, ja – aber auf der anderen Seite bekam ich mittlerweile auch so viele nette und unterstützende Kommentare von meinen Zuschauern, dass mich diese Beleidigungen nicht mehr so treffen konnten, wie das noch ein paar Jahre zuvor der Fall gewesen wäre. YouTube hatte mich verändert: Ich war selbstbewusster geworden und glaubte an mich. Mir ging ein Licht auf und ich erkannte: **Es wird immer jemanden geben, der Dich runtermacht und Dir einredet, dass Du es niemals zu etwas bringen wirst. Aber lass Dir Deine Träume niemals von anderen kaputt machen: Hör nicht hin und mach weiter!** Egal, was meine Mitschüler sagten – ich drehte weiter Videos und stellte sie online. Denn es war das, was mir Spaß machte und woran ich glaubte. Und so viele Menschen da draußen glaubten ebenfalls an mich. Mein Kanal wuchs und wuchs und meine Geschichte begann.

Nachdem ich die Schule beendet hatte, wurde ich dann vor eine schwere Entscheidung gestellt. Eigentlich war der Plan seit jeher gewesen, nach dem Abitur ein Studium anzufangen. Bildung war für mich immer das A und O gewesen – und aufgrund meiner Lernschwäche hatte ich sehr viel Mühe und Arbeit investiert, nun an diesem Punkt in meinem Leben zu stehen: das Abitur in der Tasche und die Möglichkeit, alles auf der Welt zu erreichen. Doch ich erkannte, dass ich bereits das tat, was ich liebte. Ich hatte schon so viel erreicht und war mitten auf meinem Weg – ich musste ihn nur weitergehen. Meine Träume lagen vor mir, ich musste nur zugreifen und dafür ein paar meiner alten Pläne loslassen. **Manchmal muss man umdenken, um weiter seinen Träumen folgen zu können. Man muss Chancen nutzen und ein Risiko eingehen!** Obwohl ich immer studieren wollte, nahm ich jetzt all meinen Mut zusammen und entschied ich mich gegen ein Studium. Stattdessen steckte ich all meine Energie in meinen YouTube-Kanal, denn ich träumte davon, YouTube zu meinem Leben zu machen. Und ratet mal: Ja, es hat geklappt! Die harte Arbeit, die ich geleistet habe und immer noch leiste, und die tollsten Zuschauer der Welt, die mir jeden Tag so viel zurückgeben und mich in allen meinen Vorhaben unterstützen, haben meinen Traum Wirklichkeit werden lassen. Und dafür bin ich so dankbar.

Ich habe mich nicht für YouTube entschieden, weil ich berühmt oder reich werden wollte. Ich mache YouTube-Videos, weil es meine Leidenschaft ist und weil ich damit etwas in der Welt verändern kann. Wenn meine Zuschauer mir sagen, dass eins meiner Videos sie berührt oder zum Umdenken gebracht hat, dann ist das das größte Kompliment, das es für mich auf dieser Welt gibt. Ich will Menschen inspirieren und ihnen meine positive Energie und meine Werte für das tägliche Miteinander weitergeben. Das ist mein Traum und in diesen investiere ich viel. Ich sage aber auch immer: **Solange Du das tust, was Du liebst, arbeitest Du keinen Tag in Deinem Leben.** Auf mich trifft das voll und ganz zu. Und genau deshalb ist es mir wichtig, auch andere Menschen zu ermutigen, sich darüber klar zu werden, was sie lieben und was sie im Leben erreichen wollen – und diesen Träumen dann bedingungslos zu folgen. Ich lebe jeden Tag meinen Traum und wünsche allen Menschen um mich herum das gleiche große Glück!

Lamiya:

ALLES IST EINSTELLUNGS-SACHE:

GEH POSITIV DURCHS LEBEN!

Unsere Zuschauer sagen Sami, Dounia und mir oft, dass sie die Power und die Fröhlichkeit bewundern, die wir in unseren Videos ausstrahlen. Zu hören, dass wir mit unserer positiven Energie Menschen da draußen anstecken und eine Veränderung in ihrem Leben bewirken können, macht mich total glücklich. Denn tatsächlich ist das einer meiner Leitsätze: **Geh positiv an die Dinge heran und sei immer optimistisch!** Ich glaube fest daran, dass man von der Welt und den Menschen um einen herum das zurückbekommt, was man an sie heranträgt. Es bringt einfach nichts, mit einer negativen Einstellung und einem Gesicht, als trage man alle Lasten dieser Welt, herumzulaufen. Das ist nicht die Art und Weise, wie ich von meiner Umwelt wahrgenommen werden will. Ich möchte ein Mensch sein, der Freude und Optimismus ausstrahlt und offen auf die Menschen zugeht. **Es ist so viel schöner, ein Lächeln auf den Lippen zu haben – und es bringt einen so viel weiter.** Ein positiver Blick aufs Leben und ein Lächeln im Gesicht geben einem Tag für Tag so viel Kraft – und die wiederum hilft einem, seine Ziele zu erreichen und glücklich zu werden. Und das wollen wir doch alle!

Sami, Dounia und ich, 2003. Ich habe die besten Geschwister der Welt, die mich immer unterstützt haben.

Alles im Leben ist Ansichtssache: Das Glas ist entweder halb voll oder halb leer. Meines ist natürlich halb voll – oder oft sogar ganz voll. Ich bin mir bewusst, dass mein Leben nicht perfekt ist und ich nicht alles, was ich mir vornehme, sofort und ohne Probleme erreichen werde. Gleichzeitig weiß ich aber auch, dass man unglaublich viele Dinge schaffen kann und es möglich ist, seine Träume zu erfüllen. Ich frage mich also: **Was bringt es mir, wenn ich negativ denke und von Anfang an vom Schlechtesten ausgehe? Nichts natürlich!** Es ist nicht hilfreich und es entspricht auch nicht der Wahrheit, denn nichts im Leben ist *nur* schlecht. Wenn ich mich im Leben nur auf die schlechten Dinge konzentriere, dann werde ich am Ende auch nur noch diese sehen und den Blick für die schönen Dinge verlieren. Wenn ich aber positiv und optimistisch bin und an mich und meine Fähigkeiten glaube, habe ich umso mehr Energie, um auf meine Ziele hinzuarbeiten. Und das ist es doch, worauf es ankommt! **Negative Energie bremst Dich nur aus, positive Energie macht Dich stark und bringt Dich weiter.**

Doch woher nimmt man die ganze positive Energie? Was macht man, wenn es gerade wirklich gar nicht gut läuft im Leben und man sich von allem überfordert fühlt? Auch ich war nicht immer auf Erfolgskurs und habe schwere Zeiten durchgemacht. Das Leben ist voller Ups und Downs. In meiner Teenagerzeit gab es eine Phase, die alles andere als perfekt war. In der Schule war ich nicht wirklich beliebt und hatte Probleme, von meinen Klassenkameraden akzeptiert zu werden. Sie mochten meine Art nicht, außerdem hatte ich Übergewicht und wurde deswegen ausgegrenzt. Es gab die übliche Grüppchenbildung – nur ich war allein und nicht Teil einer Gruppe. Halt und Unterstützung bekam ich durch meine Familie und insbesondere meine Geschwister, aber ansonsten war ich eine richtige Einzelgängerin. Das war natürlich alles andere als leicht. Ich war oft traurig und habe mir mehr Anschluss gewünscht. Allerdings habe ich mich auch niemals unterkriegen lassen. Nach jeder schlechten Erfahrung habe ich mich wieder aufgerappelt und weitergemacht. Und das ist es doch, worauf es im Leben ankommt: immer wieder aufzustehen und weiterzumachen! Ich war optimistisch und überzeugt davon, dass die Dinge irgendwann besser werden. Diese Zuversicht konnte ich aufbauen, indem ich mich auf die Dinge konzentriert habe, die mich glücklich machten und die ich gut konnte. Bei mir war das das Singen! Musik war und ist meine Leidenschaft: Ich habe es schon immer geliebt zu singen und nahm dann auch Gesangsunterricht. An mir und meinen Fähigkeiten zu arbeiten und etwas zu tun, was mich mit so viel Freude erfüllte, half mir dabei, an mich zu glauben und trotz meines Außenseiterstatus ein gewisses Selbstvertrauen aufzubauen. Und genau daraus zog ich meine positive Energie und meinen Optimismus! **Gerade wenn es nicht so gut läuft, ist es wichtig, sich an den eigenen Stärken und Fähigkeiten festzuhalten und weiter an ihnen zu arbeiten. Das stärkt den Glauben an einen selbst und gibt jede Menge Kraft!**

Gleichzeitig habe ich durch diese schwere Zeit auch gelernt, die negativen Dinge nicht an mich heranzulassen. Wenn einer meiner Klassenkameraden etwas Gemeines über mich sagte, hörte ich einfach nicht hin. Das ist nicht leicht und klappt auch nicht immer, aber man kann es trainieren. Mir war wichtig, mein Leben nicht durch negative Menschen bestimmen zu lassen, sondern mich auf die positiven Seiten zu konzentrieren. Daran halte ich mich auch heute, mehr als zehn Jahre später, noch. Es gibt so viele Dinge um uns herum, die uns runterziehen und unser Glück trüben können. Aber es sind immer noch wir, die entscheiden, wen oder was wir in unser Leben lassen. **Es liegt in Deiner Hand: Lass die schlechten Dinge nicht an Dich heran und halte Dich von negativen Menschen fern!** Für mich hat sich dieses Denken bewährt und mich zu einem glücklicheren und selbstbewussteren Menschen gemacht. Und ich glaube, das sieht man. Positiv sein ist alles, davon bin ich überzeugt!

POSITIV DURCHS LEBEN *gehen in 7 einfachen Schritten*

Eine positive Grundeinstellung ist nichts, was einige Menschen haben und andere eben nicht. Man wird nicht damit geboren. Und das ist gut! Denn es bedeutet, dass jede Person die Möglichkeit hat, an ihrer positiven Einstellung zu arbeiten und dadurch ein glücklicherer Mensch zu werden. Und das ist gar nicht mal so schwer, wie es sich anhört. Hier sind sieben Anregungen für Dich, wie Du Deinen positiven Blick aufs Leben schärfen und dadurch glücklicher werden kannst:

1. Lächle so oft wie möglich! Ein Lächeln hilft Dir dabei, gute Laune zu bekommen – auch wenn Du Dich gerade nicht so toll fühlst. Durch die Gesichtsbewegung allein werden nämlich Glückshormone in Deinem Gehirn ausgeschüttet, die automatisch Deine Stimmung heben. Das ist sogar wissenschaftlich erwiesen! Der positive Nebeneffekt ist, dass Du mit einem Lächeln auch andere anstecken kannst. Und nichts ist schöner, als einem anderen Menschen ein Lächeln ins Gesicht zu zaubern.

2. Tue jeden Tag eine gute Tat! Anderen Menschen etwas Gutes zu tun, macht nicht nur sie, sondern auch Dich selbst glücklich. Das muss nichts Weltbewegendes sein: Hilf zum Beispiel einer alten Frau über die Straße oder spende Klamotten an eine Wohltätigkeitsorganisation. Hilfsbereitschaft wird belohnt – und sei es nur mit einem Lächeln, das Deinen Tag versüßt.

3. Glaube an Dich und Deine Fähigkeiten! Setze Dir kleine Ziele im Alltag, auf die Du hinarbeitest. Vielleicht wolltest Du schon immer mal lernen, Gitarre zu spielen, oder etwas anderes tun, was Dich herausfordert? Tu es! So entwickelst Du Selbstbewusstsein und hast etwas, worauf Du Dich freuen kannst.

4. Bewege Dich! Sport ist nicht nur gut für den Körper, sondern auch für den Geist. Durch Sport wirst Du entspannter und ausgeglichener, außerdem stärkst Du Dein Körperbewusstsein und entwickelst Selbstvertrauen. Die perfekte Grundausstattung, um auch in schlechten Zeiten den Kopf über Wasser zu halten!

5. Halte Dich viel draußen auf! Damit meine ich nicht, dass Du von morgens bis abends draußen herumlungern sollst – auch ein kleiner Spaziergang genügt. Zeit im Freien zu verbringen, ist nicht nur gut, weil Du Dich dann viel bewegst. Auf diese Weise tankst Du auch eine Extraportion Sonne! Und die verjagt negative Gedanken ganz schnell und macht Dich glücklicher und zufriedener.

6. Ernähre Dich gesund und ausgewogen! Was wir essen, hat einen enormen Einfluss auf unser Befinden – körperlich und seelisch. Wenn Du Dich ausgewogen ernährst, fühlst Du Dich nicht nur fitter und gesünder, sondern bist auch belastbarer und kannst besser mit Stresssituationen umgehen.

7. Mach Pausen! Wer immer nur von einem Termin zum nächsten hetzt und sich keine Auszeit nimmt, ist schnell gestresst und schlecht gelaunt. Pass deswegen immer auf, dass Du genug Zeit für Dich selbst hast, in der Du zur Ruhe kommen und mal richtig ausspannen kannst.

Dounia:

FINDE DEINE LEIDENSCHAFT

UND FOLGE IHR!

Oft fragen mich Menschen, die sich meine Videos ansehen, wie ich es schaffe, immer so gut gelaunt zu sein und von innen heraus zu strahlen. Die Antwort darauf ist ganz einfach: Ich tue jeden Tag das, was ich liebe. Und das macht mich zu einem glücklichen Menschen. Natürlich ist mein Leben nicht nur Friede-Freude-Eierkuchen! Es gibt auch Tage, an denen nicht alles perfekt läuft, und auch ich habe mal schlechte Laune. Doch wenn ich mich abends ins Bett lege und über den vergangenen Tag nachdenke, dann überwiegt immer das Positive. Ich denke dann an die vielen tollen Dinge, die ich täglich tue, an die wundervollen Menschen, die mich bei meinen Vorhaben begleiten, an die vielen Chancen, die mir das Leben bietet. Ich bin glücklich über mein Leben, so wie es jetzt ist, weil ich das tue, was mich begeistert und wofür ich brenne. Denn das ist das Wichtigste im Leben: **Jeder muss herausfinden, was ihn persönlich erfüllt und glücklich macht – und diesen Weg dann mit aller Kraft verfolgen!**

Schon als Einjährige war ich mit Herz und Leidenschaft bei der Sache.

Dass das gar nicht so einfach ist, weiß ich aus eigener Erfahrung. Denn auch ich wusste nicht von Anfang an, was ich eigentlich genau will. In der Berufswelt wird einem heutzutage eingetrichtert, dass der eigene Lebenslauf möglichst gradlinig sein sollte, auf ein konkretes Ziel ausgerichtet, mit wenigen oder am besten gar keinen Lücken. So, als wäre es ganz normal, dass man auf die Welt kommt und seinen kompletten Lebensplan schon mit im Gepäck hat. Immer mehr wird erwartet, dass man schon ganz früh weiß, was man vom Leben erwartet, und dieses Ziel dann hartnäckig verfolgt. Ich kann dazu nur sagen: Geschwätz, würde der Schwabe sagen, so läuft das nicht! **Manchmal braucht es einfach eine Weile, bis man herausgefunden hat, was man wirklich will – und das ist vollkommen okay.** In der Schule konnte ich viele Dinge gut: Ich liebte

Englisch und Biologie und habe darin ein super Abi hingelegt. Gleichzeitig war ich schon immer ein kreativer Mensch und habe mich für Make-up, Mode und fremde Länder interessiert. Studiert habe ich dann etwas ganz anderes – nämlich Wirtschaft. Und merkte irgendwann, dass ich damit nicht glücklich bin. Ich hatte einen Nebenjob in einem Modegeschäft, der eigentlich nur dazu dienen sollte, mir mein Studium zu finanzieren. Doch dieser Job erfüllte mich viel mehr als meine Aufgaben an der Uni – ich ging darin auf, lernte tolle Menschen kennen und hatte einfach riesigen Spaß daran, Kundinnen zu beraten und ihnen zu helfen, sich durch Mode ein Stückchen selbstbewusster zu fühlen. Doch für immer im Einzelhandel zu arbeiten, konnte ich mir auch nicht vorstellen. Also zog ich mein Studium durch, schrieb aber meine Abschlussarbeit zu einem eher fachfremden Thema: Social Media – meine neue Leidenschaft, die ich durch meinen Bruder Sami entdeckt hatte. Diese Entscheidung fiel mir nicht leicht. Ich haderte mit mir selbst und war hin- und hergerissen: Sollte ich ein eher klassisches Thema wählen, mich in Bewertungsmethoden von Unternehmen vertiefen, über Kennzahlen im Controlling brüten und mich dabei langweilen oder das tun, wofür ich mich begeisterte, wofür mein Herz schlug? Ich entschied mich für Social Media – den schwierigeren Weg –, denn mir wurde klar: **Du kannst nur glücklich werden, wenn Du auf Dich selbst hörst und Deinem Herzen folgst!**

Obwohl ich nicht die beste Note für die Arbeit bekam, habe ich diese Entscheidung nie bereut. Es fühlte sich einfach richtig an, meine eigenen Interessen zu verfolgen und nicht nur das zu tun, was alle um mich herum von mir erwarteten. Auch nachdem ich meinen Abschluss in der Tasche hatte, vertiefte ich mich weiter in das Thema und arbeitete schließlich sogar in einer PR-Agentur. Eigentlich war ich überqualifiziert für den Job und mein Umfeld ließ mich das auch deutlich spüren. »Was, du machst jetzt PR? Und dafür hast du studiert?« Solche Kommentare musste ich mir zuhauf von meinen früheren Studienkollegen anhören. Sie gingen nach ihrem Abschluss in die Wirtschaft, an die Börse, arbeiteten in

Banken, Versicherungen und Unternehmensberatungen. Doch mir machte meine Arbeit Spaß und ich hätte um keinen Preis mit ihnen tauschen wollen – auch wenn sie deutlich besser bezahlt wurden als ich. Aber dafür forderte mich mein Job heraus, er lehrte mich jede Menge Neues und gab mir die Chance, mich weiter mit meinem neuen Lieblingsthema Social Media auseinanderzusetzen. Ich hatte für mich an diesem Punkt eine Entscheidung getroffen: Ich pfiff auf den gradlinigen Lebensweg und den perfekten, wasserdichten Lebenslauf. **Es geht im Leben nicht darum, auf dem schnellsten Weg ein Ziel zu erreichen. Das Wichtige im Leben sind die Umwege, die unvorhergesehenen Abzweigungen – und ja, auch die Sackgassen, denn die gehören dazu.** Doch genau diese Biegungen und Kurven im Lebensweg sind es, die das Leben erst spannend machen. Denn das sind alles Chancen, die einem dabei helfen, die eigenen Interessen zu erkunden, das eigene Potenzial zu erkennen und zu entfalten. **Wichtig ist nur, sich auch mal zu trauen und laut Ja zu sagen!**

Genau das habe ich gemacht und bin auf diesem Weg meiner wahren Leidenschaft und meinem ganz großen Glück immer näher gekommen. Die größte Entscheidung stand mir nämlich noch bevor: Ich hatte in der Zwischenzeit selbst angefangen zu bloggen und Videos für YouTube zu drehen und investierte immer mehr Zeit in dieses Hobby. Tagsüber arbeitete ich in meinem Bürojob, abends drehte und schnitt ich Videos, updatete meinen Blog und kommunizierte mit meinen Zuschauern und Lesern, von denen es immer mehr gab. Das alles wuchs mir im Laufe der Zeit über den Kopf und irgendwann kam der Punkt, an dem ich mich entscheiden musste: Jetzt oder nie! Ich hatte die Chance, mich ganz meiner Leidenschaft zu widmen, mein Hobby zum Beruf zu machen und allen zu zeigen, dass es möglich ist, seine Träume zu verwirklichen, auch wenn man nicht das Richtige dafür studiert oder sein gesamtes Leben darauf hingearbeitet hat. Ich sammelte all meinen Mut und sagte Ja! Mit der Unterstützung meines Mannes, meiner Freunde und meiner Familie entschied ich mich, meinen Job an den Nagel zu hängen und mich von nun an ganz meinem Blog und meinem eigenen YouTube-Kanal zu widmen. Das war ganz schön angsteinflößend und nicht immer einfach. Es gab Zeiten, da sah ich mich schon wieder im schicken Zweiteiler von neun Uhr morgens bis fünf Uhr abends in irgendeinem Büro sitzen und unzählige Überstunden schieben. Aber ich war hartnäckig und biss mich durch – und wurde mit Erfolg belohnt. Das Entscheidende: Die Leidenschaft und die Liebe, die ich in meine tägliche Arbeit steckte und die mir jeden Tag aufs Neue bewiesen, dass das, was ich da gerade tat, das Richtige für mich war – weil es mich glücklich machte.

Wenn ich heute auf meinen beruflichen Werdegang zurückblicke, muss ich immer lächeln. Denn ich weiß genau, dass ich die richtigen Entscheidungen getroffen habe. Im Nachhinein kann ich sagen: Es hat sich zu hundert Prozent gelohnt, auf mein Herz zu hören und mich gegen den geraden Weg zu entscheiden. Klar, es war nicht immer einfach, ich war manchmal frustriert und habe an mir und meinen Fähigkeiten gezweifelt. Aber letztendlich habe ich das gemacht, was mich begeisterte und was mir Spaß machte. Und genau das hat mich dahin gebracht, wo ich heute stehe. Jeder Tag meines Lebens macht mich zu einem glücklichen Menschen: Ich beschäftige mich mit den Dingen, die ich liebe, ich bin kreativ und lebe meine Leidenschaft Social Media mit Haut und Haar. Die Umwege in meinem Leben gehören zu mir und ich möchte sie um nichts in der Welt missen – denn sie haben mich zu dem Menschen gemacht, der ich heute bin. In diesem Sinne stimmt der Spruch: **Der Weg ist das Ziel. Denn es sind die Erfahrungen auf Deinem Lebensweg, die Dich formen und Dir zeigen, wo Du Dein Glück finden kannst.** Ich bin froh, mich immer noch auf diesem Weg zu befinden. Täglich entdecke ich neue spannende Dinge, die mich begeistern und in die ich mich weiter vertiefen will. Ich bin gespannt, auf welche Abzweigungen ich auf meinem Lebensweg noch stoßen werde und wohin mich meine Zukunft führt. Aber eins weiß ich mit Sicherheit: Solange ich auf meine innere Stimme höre und meiner Leidenschaft folge, wird der Weg, den ich einschlage, der richtige sein.

Mit zwei Jahren hatte ich noch nicht viel Ahnung, was ich später einmal machen will …

Mit 15, herausgeputzt für Silvester. Mmh, das riecht gut!

Heute weiß ich, was ich will. Aber mir ist auch klar, dass ich erst am Anfang meines Weges stehe!

Sami:

NIEMAND KANN ALLES ALLEIN SCHAFFEN:

VERLASS DICH AUF DIE MENSCHEN, DIE DICH LIEBEN UND DEIN BESTES WOLLEN!

Es gibt etwas, das mir wichtiger ist als alles andere auf der Welt: meine Familie. Wer die YouTube-Videos von mir und meinen Schwestern kennt, weiß, dass wir Slimanis einen sehr starken Familienzusammenhalt haben. Für mich wäre ein Leben ohne meine Eltern nicht vorstellbar. Und meine Geschwister sind für mich die besten Freunde auf der Welt. Ich weiß, was auch immer passiert – meine Familie steht hinter mir und unterstützt mich bei allen meinen Vorhaben. Wenn es mir nicht gut geht, sind sie für mich da und geben mir Halt, wenn ich glücklich bin, teilen sie meine Freude und lachen mit mir zusammen.

Es ist eine riesige Bereicherung, Menschen in seinem Leben zu haben, mit denen man alles teilen kann und die einem zur Seite stehen. Geteiltes Leid ist halbes Leid und geteiltes Glück ist doppeltes Glück! Doch ich habe mich meiner Familie nicht immer so anvertraut, wie ich das heute tue. Als ich früher in der Schule gemobbt wurde und Unterstützung dringend gebraucht hätte, habe ich mich dagegen gewehrt, mein Leid mit jemandem zu teilen. Ich war ein typischer Teenager und habe mich vor meinen Mitmenschen verschlossen. Statt mich meiner Familie anzuvertrauen, fraß ich meinen ganzen Kummer in mich hinein – und hätte mich fast in einem schwarzen Loch verloren. Heute, einige Jahre später, weiß ich, dass das falsch war. **Man kann nicht alles allein schaffen. Es ist wichtig, andere Menschen um Hilfe zu bitten. Das hat nichts mit Schwäche zu tun, sondern spricht für wahre Stärke.**

Ist man von Menschen umgeben, die man liebt und die einem diese Liebe zurückgeben, ist es viel leichter, seine Träume zu erfüllen. Menschen, die hinter einem stehen und an einen glauben, verleihen einem eine unglaubliche Kraft. Ich bin froh, dass ich solche Menschen habe: Seit jeher hat mich meine Familie in allem unterstützt, was ich tue. Sie wollten immer das Beste für mich. Solange ich mich erinnern kann, stand für meine Eltern an erster Stelle, dass ich einmal eine gute Ausbildung habe und mir alle Türen dieser Welt offen stehen. Als es dann doch anders kam und ich mich statt eines Studiums für YouTube entschied, waren sie zwar zuerst skeptisch, unterstützten mich dann aber zu hundert Prozent, als sie erkannten, welche Möglichkeiten dieser Weg mir bietet. Und auch ihre anfängliche Skepsis war nur ein Zeichen ihrer Liebe: **Menschen, die Dich lieben, wollen Dich mit aller Kraft davor bewahren, den falschen Weg zu gehen – deshalb stimmen sie manchmal nicht in allem mit Dir überein. Sie unterstützen Dich aber auch, wenn Du die falschen Entscheidungen triffst – und sind dann für Dich da, wenn Du scheiterst.** Ich bin zum Glück nicht gescheitert. Aber ich weiß auch, dass meine Familie für mich da gewesen wäre, wenn meine Entscheidung sich als die falsche herausgestellt hätte. Und dafür bin ich unglaublich dankbar!

Denn ich weiß, dass dieses Glück nicht jeder haben kann. Nicht alle Menschen haben eine Familie, die genauso liebevoll und unterstützend ist wie meine. Aber auch wer nicht auf seine Familie zählen kann, braucht Halt und Menschen, denen er vertrauen kann. Aus eigener Erfahrung kann ich sagen, dass auch Freunde diesen Platz einnehmen können. Ich persönlich habe ein paar der tollsten Freunde auf der ganzen Welt. Sie sind mein Ein und Alles und ich kann alles mit ihnen teilen. Dass es wahre Freunde sind, erkenne ich daran, dass ich auch mit ihnen schweigen und meinen Träumen nachhängen kann. Sie akzeptieren mich einfach so, wie ich bin, und das ist eins der großartigsten Gefühle der Welt. Und um das zu erleben, muss man nicht miteinander verwandt sein. **Jeder Mensch hat die Möglichkeit, sich einen Kreis an Menschen aufzubauen, die ihn lieben und unterstützen. Man muss den Menschen nur eine Chance geben und Zeit investieren, um sie kennenzulernen.** Ich persönlich kann meine wirklich guten Freunde an zwei Händen abzählen. Es mögen vielleicht nicht viele sein, aber ich weiß, dass ich ihnen zu hundert Prozent vertrauen kann. Für mich geht bei Freundschaften ganz klar Qualität über Quantität. **Man sollte sich auf wahre Freundschaften besinnen und keine Bekanntschaften sammeln – denn nur wahre Freunde sind für einen da, wenn es einem schlecht geht.**

Wahre Freundschaften entstehen nicht von heute auf morgen. Genauso wie alles im Leben, was lange halten soll, brauchen auch sie Zeit, um sich zu entwickeln und zu wachsen. **Die Basis von wahrer Freundschaft ist Vertrauen – und das baut sich erst nach und nach auf.** Die Vergangenheit hat mich gelehrt, nicht zu offen zu sein, wenn ich Menschen das erste Mal begegne. Stattdessen lasse ich mir Zeit, lerne mein Gegenüber richtig einschätzen und mache einen Schritt nach dem anderen. Ich vertraue nicht jedem sofort, aber wenn ich einmal Vertrauen gefasst habe, dann weiß ich, dass ich mich bei der Person auch wirklich fallenlassen und ihr mein Innerstes preisgeben kann. Und das ist es doch, was Freundschaft bedeutet. **Sich zu öffnen und anderen Menschen voll und ganz zu vertrauen, bedeutet immer auch,**

sich verletzlich zu zeigen. In gewisser Weise ist es ein Risiko – aber eines, das einzugehen sich voll und ganz lohnt!

Ich kann für mich sagen, dass das Leben ohne liebe Menschen, mit denen man seine Erfahrungen teilen kann, nur halb so schön wäre. Deshalb ist es wichtig, irgendwann an einen Punkt zu kommen, an dem man sich öffnen und andere Menschen an einen heranlassen kann – auch wenn es erst mal schwerfällt und nur langsam passiert, wie das bei mir der Fall ist. Aber man bekommt so viel dafür zurück – selbst wenn sich keine enge Freundschaft entwickelt. Denn im Allgemeinen gilt: **Wer anderen Menschen den Zutritt zu seinem Leben gewährt und ihre Geschichten kennenlernt, erweitert den eigenen Horizont ungemein.** In den vergangenen Jahren habe ich unzählige Menschen getroffen, die mich mit ihren Erzählungen inspiriert und zum Staunen gebracht haben. Nicht alle sind für immer in meinem Leben geblieben, aber ihre Geschichten haben mich geprägt und mich darin bestärkt, meinen Weg zu gehen – genauso, wie auch sie ihren Weg gegangen sind. Deshalb war es toll, einige Momente mit ihnen zu teilen, und ich werde sie niemals vergessen.

Lamiyas 18. Geburtstag. Meine Familie war immer für mich da. Sie ist mein Ein und Alles!

Weil ich aus eigener Erfahrung weiß, wie wichtig es ist, Menschen zu haben, auf die man sich verlassen kann und die einem zuhören, versuche ich, dieses Gefühl der Sicherheit und Geborgenheit an meine Zuschauer weiterzugeben – zumindest soweit ich das über YouTube und Co. kann. Es ist mir wichtig zu wissen, dass kein Mensch da draußen sich allein fühlen muss, sondern jemanden hat, der sich um ihn kümmert und sein Bestes will. Deshalb sage ich immer: »Wenn Ihr das Gefühl habt, dass niemand für Euch da ist, dann bin ich hier.« Das ist keine Phrase, sondern kommt von Herzen und entspricht zu hundert Prozent der Wahrheit. Ich tue mein Bestes, um auf meine Fans einzugehen, ihre Fragen zu beantworten und ihnen mit Rat und Tat zur Seite zu stehen. Ich sage mir immer: Wenn ich am Ende des Tages nur einem meiner Zuschauer das Gefühl geben kann, dass er nicht allein auf der Welt ist, dann hat sich für mich die ganze Arbeit gelohnt. Und in diesem Moment ist es auch keine Arbeit mehr – sondern das pure Glück.

Lamiya:

GLAUB AN DICH:

HAB EINEN STARKEN WILLEN UND LASS DICH NICHT UNTERKRIEGEN!

Schon seit ich ganz klein war, habe ich einen Traum: Ich will Musik machen! Das weiß ich, seit ich fünf war. Damals hörte ich mit meinem Vater zusammen Radio und sang laut mit. Mein Vater war über meine Gesangskünste so erstaunt, dass er das Radio ausmachen musste, weil er sich nicht sicher war, ob ich es war, die da sang, oder ob die Stimme doch aus dem Lautsprecher kam. Er war völlig hin und weg, dass seine kleine Tochter so schön singen konnte. Von da an war Musik mein Ein und Alles. Ich wollte und will noch immer hoch hinaus. Mein Ziel ist es, später einmal auf einer Bühne zu stehen und zu performen. Ich will die Menschen mit meinem Gesang begeistern und sie bewegen. Ich will vor Tausenden von Zuhörern singen und sie mit meiner Stimme ganz tief in ihrem Inneren erreichen. Es gibt für mich kein schöneres Gefühl, als andere Menschen mit meinem Gesang emotional zu berühren.

Diesen großen Traum habe ich nie aus den Augen verloren, auch wenn ich nach der Schule erst einmal etwas anderes machte. Denn das Musikbusiness ist hart und es ist nicht einfach, dort Fuß zu fassen. Also machte ich es so wie meine große Schwester Dounia und entschied mich für etwas Handfestes: ein Studium der Wirtschaftswissenschaften. Aber in diesem Studium ging ich nie richtig auf, es erfüllte mich nicht. Nach vier Semestern war es so schlimm, dass ich vollkommen unglücklich war. Der Stoff war mir einfach zu trocken und viel zu weit von meiner wahren Leidenschaft entfernt. Mein Glück war, dass ich einen Traum hatte. Ich wusste, was ich will, und ich nahm meinen ganzen Mut zusammen, um diesem Ziel ein Stück näher zu kommen. Ich brach mein Studium ab, obwohl ich den Abschluss schon fast in der Tasche hatte. Die Leute um mich herum waren natürlich erstaunt, viele verstanden meine Entscheidung nicht. Sie sagten: »Aber es ist ja nur noch ein Jahr, reiß dich doch zusammen und zieh es durch!« Doch das kam für mich nicht infrage. Stattdessen sagte ich mir: **Du musst Dein Ziel immer vor Augen haben und es hartnäckig verfolgen.** Es war nicht leicht, etwas, was ich angefangen hatte, mittendrin wieder abzubrechen, da ich es nicht mag, halbe Sachen zu machen. Aber da es der einzige Weg war, glücklicher zu werden, wollte ich es tun. Ich blieb bei meiner Entscheidung – und habe es bis heute nicht bereut.

Klar, ich habe mich zu Anfang für das falsche Studium entschieden. Im Nachhinein weiß ich, dass ich an diesem Punkt nicht den richtigen Weg eingeschlagen habe. Aber genauso weiß ich: **Auch wenn man einen Traum hat, heißt das nicht, dass man nie falsch abbiegen darf. Aus Fehlern kann man lernen!** Ich hatte zwar zuerst die falsche Entscheidung getroffen, was meine Zukunftsplanung betraf, wählte dafür jetzt aber den richtigen Weg. Den, der mich meinen Träumen näher brachte. Ich begann ein Studium in Medien- und Musikmanagement an einer Privatuni, um so meine ersten Schritte in der Branche zu machen. Das war nicht einfach, denn ich musste das teure Studium selbst finanzieren. Aber ich arbeitete wie verrückt, denn mittlerweile war mir klar:

Du musst hundert Prozent geben, wenn Du erfolgreich sein und Deine Ziele erreichen willst!

Auch dieses Studium war kein Zuckerschlecken, aber immerhin war ich diesmal mit dem Herzen dabei. Ich gab wirklich alles für meinen Traum. Mittlerweile hatte ich auch angefangen, YouTube-Videos zu drehen, was mir zwar riesigen Spaß machte, aber auch Unmengen meiner Zeit verschlang. Ich war also wirklich rund um die Uhr beschäftigt. Diese Phase meines Lebens war anstrengend, aber auch unglaublich erfüllend und wegweisend für meine Zukunft. Ich war doppelt erfolgreich: In meinem Studium lief es gut und nebenher baute ich mir eine Karriere im Internet auf, was mir anfangs nicht mal so bewusst war, da ich es nur aus Spaß an der Freude tat. Das alles habe ich nur so gut unter einen Hut gebracht, weil ich so viel Vertrauen in mich hatte und überzeugt davon war, dass am Ende alles in meiner Hand liegt und niemand mir meine Entscheidungen abnehmen kann. Für mich gab es einfach keinen anderen Weg. Ich wusste: **Im Leben bekommt man nichts geschenkt. Wenn Du möchtest, dass Deine Träume in Erfüllung gehen, musst Du an Dich glauben – denn nur Du kannst sie wahrmachen!** Genau das tat ich.

Dass es wirklich wichtig ist, Glauben an sich selbst und seine Talente zu haben und sich aus eigener Kraft immer weiter nach vorn zu kämpfen, musste ich in dieser Zeit leider auch auf die harte Tour lernen. Denn nicht alle meine Mitmenschen gönnten mir meinen Erfolg. Der Großteil meiner Kommilitonen belächelte meine Aktivität auf YouTube. Sie fanden albern, was ich machte, und blickten von oben auf mich herab. Im Gedächtnis geblieben ist mir besonders eine Situation: Mit einigen meiner Studienkollegen arbeitete ich über mehrere Wochen hinweg an einem Projekt. Durch meine Aktivitäten außerhalb der Universität konnte ich an zwei der Projektmeetings nicht teilnehmen – das sei aber überhaupt nicht schlimm, versicherten mir die anderen Gruppenmitglieder. Drei Tage vor der Projektabgabe folgte dann das böse Erwachen: Meine Gruppe nahm mich zur Seite und sagte mir, dass ich nicht mehr Teil des Projekts sei. Ich war wie vor den Kopf gestoßen. Das bedeutete, dass ich in drei Tagen allein eine komplette Projektarbeit auf die Beine stellen musste – beinahe unmöglich! Ich war unglaublich enttäuscht, aber sammelte all meine Kraft und arbeitete drei Tage lang wie besessen durch. Schließlich schaffte ich es – und bekam sogar eine gute Note für mein Projekt. Ich war nicht verzweifelt, sondern hatte die Herausforderung angenommen, denn ich wollte meinen Kommilitonen nicht ihren Wunsch erfüllen, mich »failen« zu sehen. Außerdem hatte ich eine neue Lektion in meinem Leben gelernt: **Lass Dich durch Rückschläge nicht von Deinem Kurs abbringen! Jedes Hindernis ist eine Herausforderung, an der Du wachsen kannst.**

Schon 2001 haben Sami und ich uns für Musik begeistert. Mein großer Traum: Sängerin werden!

Natürlich finde ich es schade, dass ich diese Erfahrung machen musste. Aber sie hat mich auch einiges über Menschen gelehrt und mich in meinen Zielen bestärkt. Manche Menschen missgönnen Dir Deinen Erfolg, vor allem wenn Du sehr viel dafür tust und hart an Dir arbeitest. Sie selbst haben vielleicht nicht den Mut oder die Ausdauer dazu und wollen deshalb nicht sehen, dass Du Deine Ziele erreichst. Danach war mir ein für alle Mal klar, dass ich alles, was ich will, aus eigenem Antrieb schaffen kann. **Was zählt, sind die eigenen Wünsche und Träume und dass man sie mit aller Kraft verfolgt - was andere sagen, ist egal.** Mein Studium habe ich letzten Endes erfolgreich abgeschlossen und dabei jede Menge gelernt. Nicht nur fachlich, sondern fürs Leben. Ich weiß jetzt, welch unglaublicher Ehrgeiz in mir steckt und wie viel ich damit erreichen kann. In solchen Situationen lernt man sich selbst und seine eigenen Stärken und Schwächen am besten kennen. Man lernt, wie man aus einem Loch herauskommt, dass andere für einen gebuddelt haben. Meine Träume sind in greifbare Nähe gerückt. Und ich weiß, wenn ich an mich selbst glaube und hart genug dafür arbeite, werde ich sie eines Tages wahr machen!

Schon mit drei Jahren war ich die Entertainerin in der Familie. Meine Bühne: der Wohnzimmersessel!

Daran hat sich bis heute nicht viel geändert. Nur der Wohnzimmersessel muss nicht mehr herhalten. Hier: Beim Fotoshooting fürs Buch!

Dounia:

ZEIG RESPEKT UND VERSTÄNDNIS

FÜR DEINE MITMENSCHEN!

Es gibt vieles, was ich an meiner Arbeit liebe: Ich kann mich kreativ austoben, ich beschäftige mich mit Mode, Make-up und Styling, ich reise in fremde Länder und Städte und lerne jeden Tag etwas Neues dazu. Doch was mich am meisten erfüllt und über alle Maßen glücklich macht, das sind die Menschen, die sich täglich meine Videos anschauen und sich von mir und meiner Message angesprochen fühlen. Ich bin so froh, dass ich mit dem, was ich tue, so viele Leute da draußen erreiche und etwas in ihrem Leben bewegen kann. Mit meinen Zuschauern auf YouTube zu quatschen und die Fragen meiner Fans zu beantworten, macht wirklich unheimlichen Spaß. Ich liebe es, mir ihre Geschichten anzuhören und mich von ihnen inspirieren zu lassen. Denn ganz ehrlich: Gäbe es die vielen tollen Menschen nicht, die Sami, Lamiya und mich auf unserem Weg unterstützt haben, wären wir nicht da, wo wir jetzt sind. **Gemeinsam ist man stark und kann alle Ziele erreichen.** Diese Erfahrung mache ich jeden Tag aufs Neue und bin darüber unglaublich glücklich.

Für mich ist es selbstverständlich, dass ich mich intensiv mit den Menschen in meinem Leben beschäftige und ihnen auf Augenhöhe begegne. Warum sollte das auch anders sein? Sie sind doch genauso Menschen wie ich. Vielleicht haben sie andere Hobbys als ich, begeistern sich für andere Dinge und führen einen anderen Lebensstil – aber letzten Endes kochen sie alle auch nur mit Wasser. Natürlich sind Menschen verschieden, sie haben verschiedene Werte, Religionen und ganz unterschiedliche Ansichten über das Leben. **Wir sind alle Individuen, kein Mensch ist gleich. Aber trotzdem ist kein Mensch besser als der andere!** Ich habe noch nie verstanden, warum man andere Menschen verurteilt, nur weil sie eine andere Hautfarbe oder Herkunft haben oder die Welt aus einem anderen Blickwinkel sehen. Solche Ungerechtigkeiten gingen mir schon immer gegen den Strich und ich versuche hart dagegen anzukämpfen. **Es ist wichtig, Menschen offen und respektvoll zu begegnen und jedem Einzelnen eine Chance zu geben.**

Natürlich wird man immer wieder mal auf Leute treffen, die einem nicht auf Anhieb sympathisch sind und die nicht den besten ersten Eindruck hinterlassen. Ich glaube aber, dass man auch in solchen Fällen nicht zu schnell urteilen sollte, denn man kann nicht in die Menschen hineinschauen und weiß nicht, was in ihnen vorgeht. Möglicherweise hatte die betreffende Person nur einen blöden Tag und ist deshalb schlecht gelaunt? Vielleicht hatte sie Stress auf der Arbeit oder Streit mit einem Menschen, der ihr wichtig ist – das ist alles möglich. Und auch ich selbst habe ja nicht immer gute Laune, also warum sollte ich das von anderen erwarten?

Manchmal geht es auch über einen schlechten ersten Eindruck hinaus. Man verbringt Zeit mit einem Menschen, lernt ihn besser kennen und trotzdem bleiben sein Verhalten und seine Ansichten einem selbst fremd. Ich habe in meinem Leben schon einige Menschen kennengelernt, die nicht mit mir auf einer Wellenlänge lagen und mit denen ich trotzdem klarkommen musste. So was passiert ständig: In der Schule, im Beruf, im Bekanntenkreis. Trotzdem war für mich immer klar: **Jeder Mensch verdient Respekt.**

Verurteile andere Menschen nicht, sondern sei tolerant ihnen gegenüber! Denn auch hier gilt wieder: Ich weiß nicht, was in der anderen Person vorgeht. Ich kenne ihre Geschichte nicht und habe keine Ahnung, wie sie zu dem Menschen geworden ist, der sie heute ist. Und genau deshalb ist es mir wichtig, offen und tolerant zu sein und andere Menschen so zu akzeptieren, wie sie sind.

Wenn ich mich mit Leuten arrangieren muss, mit denen ich mich nicht sonderlich gut verstehe, versuche ich trotzdem, immer freundlich zu sein und mir meine positive Einstellung zu bewahren. In den allermeisten Fällen klappt das super. Vielleicht entwickelt sich nie eine unzertrennliche Freundschaft zwischen uns, aber man erreicht zusammen das gemeinsame Ziel und trennt sich im Guten. Das ist völlig normal, denn es gibt so viele verschiedene Menschen auf der Welt – da kann sich einfach nicht jeder mögen. Wichtig ist nur, den Respekt nicht zu verlieren und sich immer wieder zu sagen: **Behandle andere so, wie Du selbst behandelt werden möchtest!**

Im Umgang mit anderen Menschen liegt mir eins ganz besonders am Herzen: Ich will eine andere Person nie, wirklich niemals nach ihrem Äußeren beurteilen. Wer jemand anderen aufgrund seines Aussehens oder der Kleidung, die er trägt, in irgendeine Kategorie steckt und nichts mit ihm zu tun haben will, der nimmt sich selbst die Chance, einen wundervollen Menschen kennenzulernen. **Denn Aussehen ist nur Fassade – worauf es wirklich ankommt, das sind die inneren Werte. Wichtig sind nur der Charakter und das Herz eines Menschen, denn wahre Schönheit kommt von innen!** Genau das Gleiche gilt für materielle Güter: Nur weil jemand viel Geld und teure Klamotten hat, ist er nicht besser als jemand, der weniger Geld hat. **Es gibt wirklich keinen einzigen Grund auf der Welt, sich für etwas Besseres zu halten.**

Für mich ist es extrem wichtig, auf dem Boden zu bleiben und offen und neugierig auf die Menschen in meinem Leben zuzugehen. Man kann dabei unheimlich viel lernen. Egal, ob man jemanden auf den ersten Blick sympathisch findet oder er einem vielleicht zuerst eigenartig und fremd vorkommt – es lohnt sich immer, eine Person kennenzulernen. Denn so verschieden wie die Menschen und ihre Ansichten sind, so verschieden sind auch die Dinge, die sie einem für das eigene Leben mitgeben können. Sich mit den Geschichten anderer Menschen zu befassen und sich in sie hineinzuversetzen, kann einem völlig neue Sichtweisen auf das Leben eröffnen. **Man kann so viel lernen, wenn man die Welt durch die Augen von jemand anderem betrachtet!** Ich habe in der Vergangenheit schon oft Menschen getroffen, die das komplette Gegenteil von mir selbst waren. Aber ich habe mich nicht vor ihnen verschlossen, sondern bin offen und interessiert auf sie zugegangen. Ich habe Fragen gestellt und zugehört. Ihre Geschichten haben mich inspiriert und mich auf neue Ideen gebracht, sie haben meinen Horizont erweitert und mich zu einem besseren Menschen gemacht. Für mich ist es ein großes Geschenk, jeden Tag die Möglichkeit zu haben, mich mit so vielen Leuten auszutauschen und ihnen durch meine Videos auf einer persönlichen Ebene zu begegnen. Ohne sie wäre ich nicht der Mensch, der ich heute bin. Und dafür bin ich dankbar.

Wer mit offenen Augen durchs Leben geht und den Menschen zuhört, kann unglaublich viel lernen.

Sami:

GEH SELBSTBEWUSST DURCHS LEBEN –

DENN DU BIST TOLL UND EINZIGARTIG!

Eine Frage, die mir meine Zuschauer immer wieder stellen, ist, wie ich es geschafft habe, so selbstbewusst zu werden. Denn früher sah das einmal ganz anders aus: Als Kind war ich extrem schüchtern und traute mich nicht, für mich selbst und meine Meinung einzustehen. Auf andere zuzugehen, fiel mir schwer. Das alles hat sich geändert – nicht zuletzt durch YouTube und die sagenhafte Unterstützung, die ich seit Jahren durch meine Fans erfahre. Außerdem wurde mir irgendwann klar, dass es fast unmöglich ist, seine Ziele zu erreichen, wenn man kein Vertrauen zu sich selbst hat. Und das wollte ich unbedingt: meine Ziele erreichen und für meine Träume kämpfen! **Wer seine Träume erfüllen will, der muss die Dinge selbst in die Hand nehmen - und das geht nur, wenn man an sich selbst glaubt.**

Um ein gesundes Selbstbewusstsein zu erlangen, muss man nicht perfekt sein. **Selbstbewusstsein bedeutet, zu wissen, wer man ist, und zufrieden mit sich selbst zu sein. Man muss sich**

selbst akzeptieren und so lieben, wie man ist – dann stehen einem alle Türen offen. Ich erlebe jeden Tag, dass das der Wahrheit entspricht. Ich bin bei Weitem nicht perfekt. Genau wie jeder andere Mensch habe ich meine Fehler und Schwächen. Ich habe keine perfekte Nase, keine perfekten Zähne, ich bin manchmal kindisch und rede wie ein Wasserfall. Na und? Dafür bin ich ich selbst und stehe hinter mir und den Dingen, die ich tue. Ich liebe meine Schwächen, denn sie sind ein Teil von mir und machen mich zu einem einzigartigen Menschen. **Jeden Menschen gibt es nur ein Mal auf der Welt – das wäre nicht so, wenn wir perfekt wären. Deine Makel machen Dich einzigartig, also akzeptiere und liebe sie!** Selbstbewusstsein hat nichts mit dem perfekten Körper oder einem perfekten Charakter zu tun. Man braucht keine coole Klamotten, kein teures Auto und kein makelloses Make-up, um selbstbewusst zu sein. **Selbstbewusstsein kommt von innen – es muss einmal im Kopf klick machen, dann strahlt man es auch aus.**

Ich mit zwölf Jahren und cooler Brille. Damals war ich nicht perfekt und heute bin ich es auch nicht – aber ich stehe zu mir.

Aber wann macht es klick? Wie schafft man es, an sich selbst zu glauben und selbstbewusst zu werden? Mir persönlich hat es immer geholfen, mich herauszufordern und mich meinen Ängsten zu stellen. Früher war ich einmal der schüchterne Junge, der bei Referaten vor der Klasse gestottert und kein Wort herausgebracht hat. Trotzdem habe ich mich getraut, ein Video von mir ins Netz zu stellen und mich der Welt mit allen meinen Fehlern zu zeigen. Das war eine große Überwindung, aber ich habe es getan. Und es hat mich stärker gemacht! Irgendwann war ich mit meinem YouTube-Channel so erfolgreich, dass ich Vorträge über Social Media für Firmen hielt. Ich erzählte meine Geschichte live vor Hunderten von Leuten. Wahnsinn! Natürlich war ich aufgeregt, aber ich dachte mir: Was soll schon passieren? **Was Dich nicht tötet, macht Dich nur stärker. Dich Deinen Ängsten zu stellen, stärkt Dein Vertrauen zu Dir selbst und macht einen selbstbewussteren Menschen aus Dir.** Und es funktionierte und brachte mich jedes Mal um so viel weiter!

Was mir auch sehr geholfen hat, war die Einsicht, dass es immer Menschen geben wird, die Dir Deinen Erfolg nicht gönnen und versuchen, alles schlechtzureden, was Du tust. Das ist traurig, aber leider die Wahrheit. Wenn Du schüchtern bist und kein Selbstvertrauen hast, werden diese Menschen das ausnutzen und Dich schlecht behandeln. Wenn Du selbstbewusst bist, werden sie Dich als arrogant und egoistisch bezeichnen. Früher, als ich gerade bei YouTube anfing, nahm ich mir jeden negativen Kommentar unter einem meiner Videos sehr zu Herzen. Doch irgendwann wurde mir klar, dass mich das nicht weiterbringt. Ich nahm mir vor, mich von den gemeinen Dingen, die andere sagen, nicht weiter unterkriegen zu lassen. Ich erkannte: Man muss lernen wegzuhören und sich ganz auf sich selbst konzentrieren. **Solange Du selbst weißt, dass das, was Du tust, richtig ist, kann Dich nichts auf der Welt aus der Bahn bringen. Selbstbewusstsein hat nichts mit Egoismus oder Arroganz zu tun – es bedeutet, sich selbst zu lieben und an sich zu glauben.** Seit ich diesem Leitsatz folge, habe ich das Gefühl, dass mich nichts mehr auf dieser Welt stoppen kann.

Ich verfolge meine Ziele, arbeite hart und stehe hinter allem, was ich tue. Und ich hoffe, dass ich diese Einstellung in meinen Videos an meine Zuschauer weitergeben kann – denn jeder Mensch ist trotz oder gerade wegen seiner Makel und Schwächen toll und hat es verdient, selbstbewusst und glücklich durchs Leben zu gehen.

8 *schnelle Tipps* *für* MEHR SELBSTBEWUSSTSEIN

Selbstbewusstsein ist wichtig – es bringt Dich Deinen Zielen näher und macht das Leben einfacher und schöner. Damit auch Du jeden Tag ein Stückchen selbstbewusster wirst und mehr Selbstvertrauen hast, habe ich hier eine Liste mit Tipps zusammengestellt, wie Du ganz einfach Dein Selbstbewusstsein stärken kannst:

1. Vergleiche Dich mit niemandem – denn Du bist einzigartig! Vergleiche mit anderen Menschen bringen Dich nicht weiter auf Deinem Weg. Es wird immer jemanden geben, der besser aussieht oder etwas besser kann als Du. Konzentriere Dich stattdessen auf Dein Leben und auf die Dinge, die Du liebst und die Du erreichen willst.

2. Lass Dir nicht einreden, dass Du nichts wert bist – denn es stimmt nicht. Jeder Mensch hat seine Stärken und Schwächen und verdient das ganz große Glück. Was hilft, um sich fiese Kommentare nicht zu Herzen zu nehmen: Einfach darüber lachen!

3. Sei auch Du niemals gemein zu anderen und lege Ihnen keine Steine in den Weg! Jemand, der selbstbewusst und zufrieden mit sich ist, macht andere Menschen nicht schlecht. Sei ein Vorbild und halte Dich an diesen Leitsatz, auch wenn andere ihn nicht befolgen!

4. Lerne, Deine Schwächen zu akzeptieren und zu lieben! Schau Dich im Spiegel an und sage Dir, dass Du toll bist, so wie Du bist! Hast Du Deine Makel einmal angenommen, kann sie keiner auf der Welt mehr gegen Dich verwenden.

5. Fordere Dich heraus! Verlasse Deine Komfortzone und begib Dich in Situationen, die Dich herausfordern. Mache Dir Mut, indem Du denkst: Was soll schon passieren? Sich seinen Ängsten zu stellen, erfordert Mut, aber am Ende wirst Du daran wachsen und Dich stärker fühlen als je zuvor.

6. Unterbrich das Gedankenkarussell! Wer schüchtern und unsicher ist, verliert sich oft in seinen negativen Gedanken. Vielleicht kannst Du nicht aufhören, Dinge zu denken wie: Ich bin nichts wert. Oder: Ich sehe nicht gut genug aus. Wenn das passiert, sag einfach ganz laut »Stopp!« und lenke Deine Gedanken in eine andere Richtung! Oder halte Dir stattdessen Deine Stärken vor Augen – denn die hat jeder Mensch.

7. Nimm Dir schon morgens beim Aufstehen vor, dass Du heute selbstbewusster sein wirst als gestern! Selbstbewusstsein kommt von innen und ist Einstellungssache. Es gibt keinen Grund, warum Du nicht selbstbewusst sein solltest – denn Du bist toll so, wie Du bist. Halte Dir das vor Augen und entscheide Dich einfach dazu, selbstbewusst zu sein!

8. Lerne, Komplimente anzunehmen! Oft trauen sich Menschen nicht, zu ihren Stärken zu stehen, und üben sich stattdessen in falscher Bescheidenheit. Wenn Dir das nächste Mal jemand sagt, dass Du heute besonders gut aussiehst oder etwas gut kannst, sei stolz darauf, anstatt es herunterzuspielen, nur um nicht eingebildet zu wirken! Du hast es Dir selbst verdient.

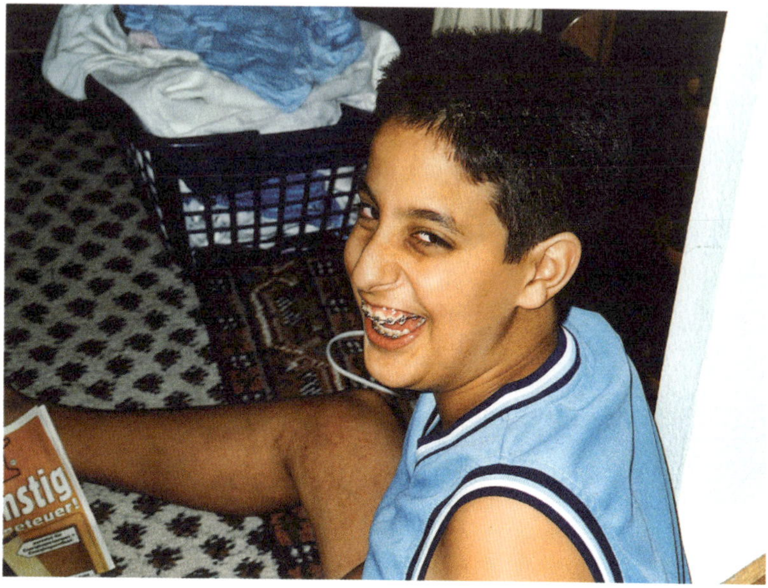

Mit 13 Jahren: mit Zahnspange und Neurodermitis – aber fröhlich!

Unterstützt hat mich, seit ich denken kann, die beste Mama der Welt. Danke für alles!

Beim Fotoshooting fürs Buch: Selbstbewusst und wie immer am Spaß-Haben.

Lamiya:

ERFOLG KOMMT NICHT VON HEUTE AUF MORGEN:

DENK LANGFRISTIG UND SEI GEDULDIG!

Wer mich schon von meinem YouTube-Kanal kennt, weiß wahrscheinlich, dass ich nicht immer so schlank war wie heute. Ganz im Gegenteil! Ich brachte einmal ganze dreißig Kilo mehr auf die Waage als jetzt. Meine ganze Jugend über war ich pummelig – und litt ziemlich darunter. Das änderte sich erst, als ich Anfang zwanzig war. Damals setzte ich mich zum ersten Mal intensiv mit meinen Essgewohnheiten auseinander. Ich las viel über Ernährung und Sport und lernte, was dabei mit dem Körper passiert. Mein erworbenes Wissen setzte ich in die Tat um. Ich veränderte meine Lebensgewohnheiten und kam so meinem Traumkörper Stück für Stück immer näher. Das ging natürlich nicht von heute auf morgen, sondern dauerte tatsächlich mehrere Jahre. Dafür war der Abnehmprozess dann aber auch gesund und hatte eine nachhaltige Veränderung zur Folge, die bis heute andauert. Es gibt ein Sprichwort, das ganz gut dazu passt und dem ich total zustimme: **Gut Ding will Weile haben. Veränderungen, die lange anhalten sollen, passieren nicht von jetzt auf gleich – sie brauchen Zeit.**

Auch zuvor hatte ich immer mal wieder Diäten probiert. Viele davon schienen erst einmal zu funktionieren: Ich verlor mehrere Kilos und das oftmals sogar in kurzer Zeit. Leider legte ich, nachdem ich mit den Diäten aufgehört hatte, meistens die doppelte oder sogar dreifache Menge wieder zu. Der typische Jojo-Effekt eben. Deswegen halte ich bis heute nichts von Diäten und habe seitdem keine mehr gemacht. Mir wurde klar: **Kommt der Erfolg schnell, vergeht er auch schnell wieder.** Erst als ich anfing, langfristig zu denken und meine Essgewohnheiten von Grund auf zu ändern, stellte sich ein dauerhafter Erfolg ein.

Ganz wichtig dabei war, dass ich lernte, auf mich selbst und meinen Körper zu hören. Ich glaube, jeder Mensch hat eine Art innere Stimme, die ihm sagt, was richtig ist – nicht an allgemeinen Maßstäben gemessen, sondern ganz konkret auf ihn als Person bezogen. Deine innere Stimme sagt Dir als Individuum, welcher Weg für Dich der richtige ist und welche Entscheidungen Du treffen solltest. Und das in jeder Hinsicht. Mir sagt diese innere Stimme zum Beispiel, wann ich satt bin und aufhören sollte zu essen oder welche Lebensmittel gut für mich sind und welche nicht. Aber es muss gar nichts mit Deinem Körper zu tun haben. **Egal, ob es um Deine berufliche Zukunft geht, Dein Liebesleben oder sonstige Ziele: Deine innere Stimme weiß, was richtig für Dich ist. Also hör auf sie!**

Ich habe übrigens nicht abgenommen, weil ich irgendeinem Schönheitsideal entsprechen wollte. Es ging mir darum, fitter und gesünder zu werden. Ich tanze unglaublich gern und liebe Sport. Meine Extra-Kilos fielen mir dabei zur Last und das nervte mich. Es war also die logische Konsequenz, an mir und meinem Körper zu arbeiten, um so zufriedener mit mir selbst zu werden und mehr Spaß in meinem Leben zu haben. Ich würde nie jemandem, der ein paar Kilos zu viel auf den Rippen hat und sich wohl in seinem

Körper fühlt, dazu raten, abzunehmen. Das ist doch Schwachsinn! Jeder muss glücklich mit sich selbst sein und gern in seiner eigenen Haut stecken. Was andere Menschen sagen oder die Gesellschaft einem vorlebt, spielt da überhaupt keine Rolle. Von diesen äußeren Einflüssen muss man sich frei machen, auch wenn das alles andere als einfach ist. **Was zählt, ist das, was Du selbst willst – das sind Deine wahren Ziele. Und die zu verfolgen lohnt sich!** Denn lediglich die Erwartungen anderer Menschen zu erfüllen, kann Dich niemals vollkommen glücklich machen. Das schaffst Du nur, indem Du Deinen eigenen Weg gehst und Deiner inneren Stimme folgst.

Und weil es wirklich wichtig ist, sage ich es noch mal: Wenn man abnehmen und wirklich etwas an seinem äußeren Erscheinungsbild verändern möchte, dann geht das nur, indem man auf lange Sicht seine Lebensweise ändert. Eine gesunde und ausgewogene Ernährung und ausreichend Bewegung sind das A und O. Blitzdiäten zeigen vielleicht kurzfristig eine große Wirkung, aber auf Dauer funktionieren sie nicht und sind noch dazu schrecklich ungesund. Das sollte keiner seinem Körper antun! Außerdem gilt für mich: **Erfolg kann man nur richtig zu schätzen wissen, wenn man lange und hart auf ihn hingearbeitet hat. Erst dann kann man stolz auf sich sein und sich so richtig über das Erreichte freuen!** Ich merke das in meinem Leben immer wieder – nicht nur, was mein Gewicht betrifft. Dinge, die einem ohne großes Zutun in den Schoß fallen, weiß man schon nach kürzester Zeit nicht mehr zu würdigen. Denn man musste nichts investieren und sich nicht anstrengen, um sie zu erreichen. **Richtige Ziele verlangen Dir Kraft ab, sie erfordern, dass Du Dich auf Deine wahren Wünsche besinnst und hartnäckig am Ball bleibst. Wenn Du sie dann erreichst, wird es sich wundervoll anfühlen.**

Ich freue mich bei jedem Blick in den Spiegel, denn ich weiß, dass ich hart dafür gearbeitet habe, mich gesund und fit zu fühlen. Und ich liebe es, meinen Körper mit verschiedenen Outfits in Szene zu setzen. Es geht nicht darum, andere mit meinem Aussehen zu beeindrucken oder damit anzugeben. Die Bestätigung von außen brauche ich nicht, es zählt nur, dass man sich selbst akzeptiert und stolz auf sich ist. Mich ausgewogen zu ernähren und regelmäßig Sport zu treiben, hat mich zu einem selbstbewussteren Menschen gemacht und versorgt mich jeden Tag mit neuer Lebensfreude und einer Extraportion Energie. Außerdem hat es mein Durchhaltevermögen trainiert und mir gezeigt, was man mit Zielstrebigkeit und Ausdauer alles schaffen kann. Ich bin überzeugt, dass ich auch die anderen Ziele in meinem Leben erreichen kann, wenn ich nur hartnäckig genug am Ball bleibe. Denn ich weiß jetzt: **Um wahre Erfolge erzielen zu können, muss man langfristig planen und darf seine Ziele nie aus den Augen verlieren.**

Zum Vergleich: Ich mit 16 Jahren und dann noch mal mit 25. Da hat sich einiges verändert!

An meinem 18. Geburtstag brachte ich noch ein paar Kilo mehr auf die Waage. Der Kuchen war aber auch verdammt lecker!

Mit Dounia, 2006: Auch hier hatte ich noch Babyspeck.

Durch Sport und Umstellung meiner Ernährung fühle ich mich in meiner Haut wohler denn je. Aber meine Kurven würde ich niemals missen wollen.

Dounia:

SEI TREU –

DIR SELBST UND DEN MENSCHEN IN DEINEM LEBEN!

Es gibt einen Wert, der in der heutigen Zeit nicht mehr selbstverständlich ist und mir gerade deswegen besonders am Herzen liegt: Treue. Unsere Welt ist in den letzten Jahren immer schnelllebiger geworden: Man konzentriert sich nicht mehr wie früher sein ganzes Leben lang auf eine Tätigkeit, sondern springt von einem Job zum nächsten. Immer weniger Ehen halten das ganze Leben, dafür hat man einen Lebensabschnittspartner nach dem anderen. Im Internet hat man die Möglichkeit, sich mit Hunderten, sogar Tausenden von Menschen über Facebook und Co. zu verbinden, aber wer die echten Freunde sind, wird dabei schon mal vergessen. Klamotten kauft man für wenig Geld und wirft sie nach einer Saison in die Tonne. Alles ist nur noch für das kurze Hier und Jetzt da. Ich sage nicht, dass das alles etwas Schlechtes ist. Dadurch, dass die Welt in den letzten Jahren viel moderner geworden ist und es insbesondere auf dem Gebiet der Technik viele Fortschritte gab, hat sich unser Leben sehr verändert. Gleichzeitig hat uns das aber auch unendlich viele Möglichkeiten eröffnet. Mir persönlich ist es nur wichtig, dass ich mich selbst in unserer hektischen Welt nicht verliere. Ich möchte niemals vergessen, wer ich wirklich bin. **Es ist wichtig, flexibel und anpassungsfähig zu sein - aber trotzdem darf man sein wahres Ich niemals aus den Augen**

verlieren. Sich bis ins Unendliche zu verbiegen, bringt einen nicht weiter und macht einen am Ende nur unglücklich!

Wir alle müssen uns jeden Tag mit Menschen herumschlagen, die denken, sie wüssten besser, was gut für uns ist, als wir selbst. Sie sagen uns, wie wir aussehen sollen, welche Klamotten wir kaufen müssen, um cool zu sein, wie wir zu denken, zu fühlen und zu handeln haben. Auch ich werde Tag für Tag dafür verurteilt, wie ich aussehe und wie ich mich verhalte. »Du bist nicht schön«, »Du bist zu fett«, »Schneid Dir Deine Haare« und »Dein Mann sollte sich schämen, so eine Frau zu haben« sind nur ein paar der Kommentare, die mir schon entgegengeschleudert wurden. Aber ich habe gelernt, solche Dinge einfach an mir abprallen zu lassen. Ich weiß, wer ich bin, und ich stehe hinter mir und meinen Prinzipien. Und die Menschen, die ich liebe, unterstützen mich dabei, denn sie lieben mich so, wie ich bin. Ich möchte keine Kopie von jemand anderem sein, kein seelenloses Abziehbildchen. Ich bin ein Mensch mit Fehlern und Schwächen und vor allem: mit eigenen Werten und Überzeugungen. Am Ende des Tages stehe ich voll hinter meinen Handlungen. Für mich gilt: **Die einzigen Maßstäbe, die für Dich gelten sollten, sind Deine eigenen! Vergiss Deine Prinzipien nicht und sei ihnen immer treu!**

Lamiya und ich, 1988. Schon damals waren wir ein Herz und eine Seele und werden es auch immer bleiben.

Dass ich diese Einstellung habe, bedeutet aber nicht, dass ich die Ohren verschließe, sobald sich jemand kritisch mir und meinem Verhalten gegenüber äußert. Das Feedback von anderen Menschen bedeutet mir eine Menge, denn ich glaube, dass man viel lernen kann, wenn man die Dinge aus einer anderen Perspektive betrachtet. Wichtig ist nur, dass es konstruktive Kritik ist, die berücksichtigt, was für ein Mensch ich bin und welche Möglichkeiten ich habe, mein Verhalten zu ändern. Erst wenn diese Bedingung erfüllt ist, kann ich abwägen, ob die Kritik gerechtfertigt ist und ob ich aus ihr etwas Produktives für meine Zukunft ziehen kann. Das ist dann aber eine Entscheidung, die ich für mich treffe – und nicht jemand anders über meinen Kopf hinweg. **Sich selbst treu zu sein, bedeutet nicht, auf stur zu schalten und mit einem undurchdringlichen Panzer durchs Leben zu rasen. Es heißt, hinter seinen Entscheidungen zu stehen – und sich eventuell auch mal zu entscheiden, etwas an sich zu ändern.**

Für mich ist es wichtig, am Ende des Tages mit mir im Reinen zu sein. Ich habe nur dieses eine Leben und ich möchte einmal zurückblicken können in der Gewissheit, dass ich voll und ganz hinter allem stehe, was ich je getan habe. Ich möchte sagen können, dass ich alles gegeben habe, um meinen Weg zu gehen – und nicht den, den irgendjemand anders mir vorgeschrieben hat. Dazu gehört auch, dass ich den Menschen, die mich auf diesem Weg begleiten, die gleiche Treue entgegenbringe, die ich für mich selbst voraussetze. Ich will, dass es den Menschen, die ich liebe, gut geht und dass wir eine Beziehung führen, in der wir uns gegenseitig respektieren und stützen. Natürlich kann nicht jeder Mensch, mit dem ich einmal gut befreundet war oder der eine andere wichtige Rolle für mich gespielt hat, für immer ein Teil meines Lebens bleiben. Manchmal muss man Menschen auch ziehen lassen. Dafür gibt es viele Gründe: Man entwickelt sich in verschiedene Richtungen, man verliert sich aus den Augen, der andere wird einem fremd. Das ist schade, aber der Lauf der Welt. Dennoch versuche ich alles in meiner Macht Stehende zu tun, damit die Menschen, die mein Ein und Alles sind, an meiner Seite bleiben und auch weiterhin mit mir zusammen durchs Leben gehen. Ich will mein Leben mit all seinen Ups and Downs mit ihnen teilen. Und selbst wenn die Zeiten einmal nicht so schön sind, möchte ich bedingungslos für sie da sein, weil sie es verdienen und umgekehrt auch immer für mich da waren. **Menschliche Beziehungen verändern sich im Lauf des Lebens, das ist der Kreislauf der Dinge. Man muss aufmerksam sein, wissen, was einem wichtig ist, und viel Mühe investieren, um sich nicht zu verlieren.**

Ich vergleiche Beziehungen – egal, ob es eine Liebesbeziehung, eine Freundschaft oder eine andere zwischenmenschliche Beziehung ist – immer mit Pflanzen. Jeder von uns hatte wohl schon mal eine Zimmerpflanze und weiß, wie viel Arbeit sie einem abverlangen kann. Damit eine Pflanze gedeiht, muss man sie hegen und pflegen, umtopfen, düngen, stutzen und regelmäßig gießen. Und das geht nicht nach einem immer gleichen Schema, sondern man muss sich Tag für Tag nach den individuellen Bedürfnissen der Pflanze richten. Manchmal braucht sie mehr Wasser, manchmal weniger. In manchen Zeiten trägt sie wunderschöne Blüten, dann wieder verdorren einige Blätter. Und dasselbe gilt für die Beziehungen in unserem Leben. Sie alle unterliegen einem stetigen Wandel, einem Auf und Ab. Und genauso, wie man die Pflanze manchmal hier und da etwas zurückstutzen muss, um im nächsten Jahr schönere Blüten zu bekommen, muss man sich in einer Beziehung auch mal streiten, um im nächsten Moment wieder zu entdecken, wie sehr man sich mag und wie viel einem aneinander liegt. **Um eine innige Bindung zu einem anderen Menschen herzustellen und diese aufrechtzuerhalten, muss man miteinander sprechen und sich aufeinander einlassen. Man muss an jeder Beziehung arbeiten, damit sie weiterhin ein Teil der eigenen kleinen Welt bleiben kann und sich nicht im Universum des Lebens verliert.** Ich hoffe, dass die Beziehungen, die mein Leben bereichern, noch sehr, sehr lange halten werden. Und ich bin zuversichtlich, dass das klappt: Denn ich bin nicht nur mir selbst, sondern auch den tollen Menschen um mich herum treu.

Sami, Lamiya und ich, 1993. Wir halten für immer zusammen!

1989: Schon im Sandkasten waren Lamiya und ich ein Traumteam.

Die ganze Familie an Silvester 1994. Gemeinsame Feiertage waren und sind auch heute immer noch das Allerschönste!

Lamiya, Sami, Mama und ich: Familie ist nach wie vor das Wichtigste für uns.

Sami:

SEI NEUGIERIG

UND ERGREIFE DIE CHANCEN, DIE DAS LEBEN DIR BIETET!

Seit ich 2009 mein erstes YouTube-Video hochgeladen habe, ist in meinem Leben so viel geschehen, dass ich es manchmal selbst kaum glauben kann. Ich habe mich menschlich weiterentwickelt, mir einen Traum nach dem anderen erfüllt und mir durch harte Arbeit eine Karriere aufgebaut, auf die ich stolz sein kann. Das alles wäre nicht passiert, wenn ich die vielen Chancen, die das Leben mir immer wieder bot, nicht erkannt und am Kragen gepackt hätte. Viele Menschen haben das Gefühl, dass das Leben sie benachteiligt und ihnen keine Chancen eröffnet. Ich glaube, sie müssen einfach nur etwas genauer hinsehen. Denn für mich war immer klar: **Alles ist eine Sache des Blickwinkels. Du musst mit offenen Augen durchs Leben gehen, dann wirst Du überall Chancen erkennen!**

Das hat auch viel mit Selbstvertrauen zu tun. Oftmals erkennt man eine Chance gar nicht als solche, weil man nicht genug an sich selbst glaubt. Man zweifelt so sehr an den eigenen Fähigkeiten, dass man es sich von vornherein verbietet, neue Dinge auszuprobieren – nur aus Angst, zu scheitern. Ich sage mir da immer: **Egal, wie viele Fehler Du machst und wie oft Du scheiterst, Du bist jedem weit voraus, der es nicht mal versucht.** Mach Dich nicht fertig, wenn etwas nicht gleich so funktioniert, wie Du es Dir vorgestellt hast. Steh wieder auf und versuch es noch mal! Denn niemand hat gesagt, dass es einfach ist, Chancen zu ergreifen. Das Leben serviert einem nichts auf einem Silbertablett. Man muss immer kämpfen und hart arbeiten, wenn man irgendwo ankommen möchte. **Chancen zu ergreifen, bedeutet, sich selbst herauszufordern und Arbeit zu investieren!**

Auch unterwegs bin ich immer online und arbeite an verschiedenen Projekten – denn ich will keine Chance verpassen.

Kein Weg im Leben ist einfach. Wenn Du erfolgreich sein und Deine Träume wahr machen willst, musst Du bereit sein, Dich auf eine lange Wanderung zu begeben und auf Deinem Weg auf viele Hindernisse zu stoßen. Es liegt an Dir, diese Hindernisse aus dem Weg zu räumen und immer weiterzumachen. Der amerikanische Philosoph Ralph Waldo Emerson hat dazu einen sehr treffenden Satz geschrieben: »Jede Wand ist eine Tür.« Dieses Zitat trifft in meinen Augen total ins Schwarze, denn es zeigt, dass alles Einstellungssache ist und einem nichts im Leben zufliegt. Selbst die massivste und undurchdringlichste Steinwand kann Dir eine Tür eröffnen, wenn Du nur ganz genau hinschaust und sie auch erkennst. Und dann musst Du natürlich auch noch den Mut aufbringen, durch sie hindurchzugehen. **Sitz nicht herum und warte darauf, dass das Leben Dir etwas in den Schoß wirft - schaffe Dir Deine Chancen selbst!**

Das geht übrigens nicht, wenn Du Deine Komfortzone niemals verlässt und Dich immer nur in dem winzigen Bereich Deines Lebens aufhältst, in dem Du Dich sicher und geborgen fühlst. **Chancen zu nutzen, heißt immer auch, einen Schritt ins Unbekannte zu tun.** Sie sind mit einem Risiko verbunden und können erst mal beängstigend sein. Aber Du musst mutig sein und Dich Deinen Ängsten stellen. Mach Dir klar, dass alle Deine Ängste und Blockaden nur in Deinem Kopf existieren! Mir persönlich hilft es sehr viel, mir das immer wieder vor Augen zu halten. Ich möchte nicht, dass meine Ängste mein Leben bestimmen und über meine Zukunft entscheiden. Früher hatte ich zum Beispiel sehr große Angst, auf andere Menschen zuzugehen und mit ihnen zu reden. Durch diese Angst habe ich sehr viele tolle Möglichkeiten in meinem Leben vertan, die niemals zurückkommen werden. Das soll sich in meiner Zukunft nicht wiederholen! Und auch Dir kann ich nur raten: **Verlass Deine Komfortzone und trau Dich etwas Neues - es wird sich lohnen!**

Denn wer niemals über den Tellerrand hinausblickt, der verpasst so viel: Da draußen warten unzählige tolle Dinge, die von Dir entdeckt werden wollen, interessante Menschen, die Du kennenlernen solltest und die Dir etwas beibringen können, faszinierende Fakten, die zu wissen sich lohnt. Aber wenn Du immer nur in Deinem gewohnten Umfeld bleibst und niemals aus Deiner täglichen Routine ausbrichst, wirst Du diese Schätze niemals finden und sie können Dein Leben nicht bereichern. Ich kann nicht oft genug sagen, wie wichtig es ist, Neugierde an den Tag zu legen und seiner Umwelt aufgeschlossen zu begegnen. **Geh offen auf Menschen zu, sei neugierig und stell Fragen! Wer nie etwas Neues kennenlernt, der verschenkt massig Chancen!** Bei mir zeigt sich diese Neugierde zum Beispiel darin, dass ich mich schon morgens nach dem Aufstehen darüber informiere, was gerade in der Welt passiert. Ich will wissen, welche Themen die Menschen beschäftigen und welche Nachrichten aktuell sind. Und natürlich interessiert es mich auch, was es bei meinen Freunden so Neues gibt. Ich bin ständig mit der Außenwelt in Kontakt – über das Internet, aber auch im echten Leben, denn ich liebe es zu reisen und neue Orte kennenzulernen. In fremde Kulturen einzutauchen und zu sehen, wie Menschen überall auf der Welt leben, bereichert mein Leben immens. Es gibt mir Inspirationen für meinen Alltag und zeigt mir, was alles möglich ist – welche großartigen Chancen da draußen auf mich warten.

Habe ich einmal eine Chance erkannt, zögere ich nicht, sie zu ergreifen. Ich bin mir bewusst, dass ich nicht jünger werde und dass mein Leben nur eine begrenzte Anzahl an Tagen hat. Das klingt jetzt vielleicht pessimistisch, aber im Grunde ist diese Einsicht etwas Gutes, denn sie bestärkt mich darin, wirklich jeden Tag meines Lebens zu nutzen, um Schritt für Schritt meinen Weg zu gehen und da anzukommen, wo ich hinmöchte. **Kein Moment in Deinem Leben kommt wieder - also mach etwas daraus!** Diese Einstellung hat mich dahin gebracht, wo ich heute bin. Ich kann für mich sagen, dass ich schon viel erreicht habe, aber dennoch bin ich noch lange nicht am Ziel. Eine weite Strecke des Weges liegt noch vor mir – und ich freue mich auf sie, egal was kommt. Denn ich weiß: **Du hast jeden Tag die Chance, Dein Leben komplett zu ändern und den Startschuss für eine fantastische Zukunft zu setzen - Du musst es nur tun!**

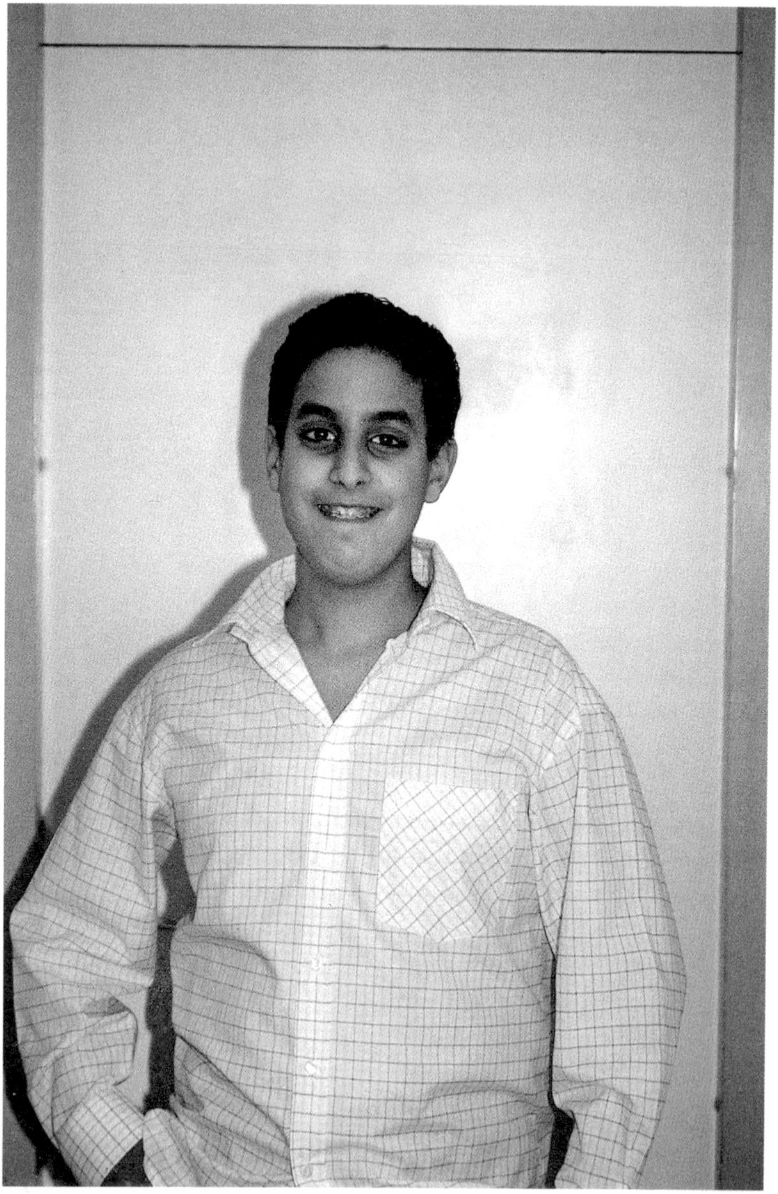

Mit zehn Jahren: Noch schüchtern und wenig selbstbewusst. Doch das sollte sich ändern – denn ich will viel erreichen!

Fröhlich und zuversichtlich an meinem 6. Geburtstag. Zwei Eigenschaften, die ich mir bis heute bewahrt habe.

Fast zwanzig Jahre später: Immer noch genauso aufgeweckt und energisch wie mit sechs – nur besser angezogen!

Lamiya:

AKZEPTIERE VERÄNDERUNGEN IN DEINEM LEBEN

UND BLEIBE IM FLUSS!

Eine der härtesten Lektionen, die ich bis jetzt gelernt habe, ist, dass man nichts im Leben festhalten kann. Alles ist irgendwann vorbei: Gegenstände nutzen sich ab und gehen kaputt, Menschen verlassen Dich oder Du verlässt sie, schöne Zeiten gehen zu Ende. Zu dieser Einsicht kommt wahrscheinlich jeder irgendwann im Laufe seines Lebens – aber es gibt verschiedene Arten, damit umzugehen. Viele Menschen trauern den Dingen hinterher, sie wünschen sich die alten Zeiten zurück und versinken in ihrer Trauer. Doch mit dieser Einstellung kommen sie nicht weiter. Sie bleiben irgendwo in ihrem Leben stehen und wünschen sich das Unmögliche – und dadurch werden sie unglücklich. Ich will vieles sein, aber auf keinen Fall unglücklich! Deshalb ist es für mich keine Option, in der Vergangenheit zu leben. Mein Blick ist immer nach vorn gerichtet, denn ich sage mir: **Veränderungen sind nichts Schlechtes. Immer, wenn etwas zu Ende geht, fängt gleichzeitig auch etwas Neues an!** Aber man muss sich öffnen für diese Veränderungen, man muss sie als Chancen begreifen und sich voll Neugier ins Unbekannte stürzen.

Übrigens gehen nicht nur die guten Zeiten vorbei – sondern auch die schlechten. Und das ist doch sehr tröstlich, oder? Aber auch hier gibt es wieder Menschen, die das Negative aus der Vergangenheit nicht loslassen können. Sie zerdenken ihre Fehler bis ins Unendliche und wünschen sich, sie hätten anders gehandelt. Sie trauern um die Zeit, die sie durch falsche Entscheidungen verloren haben, und verschwenden dadurch noch mehr ihrer kostbaren Zeit. Aber das bringt einen nicht weiter! Ich kann nur jedem raten, nicht der Vergangenheit hinterherzutrauern – denn es nützt einem einfach nichts. Ich bin froh um jede Erfahrung, die ich gemacht habe, egal ob positiv oder negativ – denn ich habe aus ihr gelernt und sie hat mich zu dem Menschen gemacht, der ich bin. **Nimm Deine Vergangenheit an und bereue nichts! Es ist, wie es ist. Du kannst es nicht ändern – aber Du kannst daraus lernen!**

Nur wer im Fluss bleibt und Veränderungen akzeptiert, wird im Leben glücklich und zufrieden.

Wenn man bereit ist, die Dinge zu akzeptieren und loszulassen, kann eigentlich nichts schiefgehen. **Die Welt befindet sich in einem ständigen Fluss und Du als Teil dieser Welt musst Dich dieser Bewegung anpassen. Versuche nicht, stehen zu bleiben – denn Stillstand gibt es im Leben nicht!** Besonders was zwischenmenschliche Beziehungen betrifft, beobachte ich in meinem Umfeld leider oft das Gegenteil – und ich sehe auch, wie unglücklich die Menschen dadurch werden, dass sie mit aller Kraft versuchen, einen geliebten Menschen festzuhalten. Aber genau wie alles andere auf der Welt verändern sich auch Menschen und Beziehungen am laufenden Band. Das ist in der Liebe genauso wie bei Freundschaften. Viele Menschen wollen das nicht wahrhaben. Sie klammern sich an ein Bild, das sie von jemandem haben, und merken nicht, dass dieses Bild vielleicht schon lange nicht mehr der Realität entspricht und dass es Zeit ist, die Beziehung zu überdenken. **Manchmal muss man Menschen gehen lassen – auch wenn es wehtut.** Aber so ist das Leben.

Auch ich habe diese Erfahrung schon gemacht – und nicht nur einmal. Insbesondere in den letzten Jahren, in denen ich immer erfolgreicher auf YouTube wurde, habe ich einige Menschen verloren, die mir früher einmal sehr nahestanden. Aber ich weiß, dass es gut war, sie ziehen zu lassen. Sie kamen mit meinem Erfolg nicht klar und beschwerten sich, dass ich zu wenig Zeit für sie hätte. Ich wiederum war verletzt, weil ich mir mehr Unterstützung und Verständnis gewünscht hätte. Mein Leben wurde jeden Tag aufregender und ich wollte das mit jemandem teilen. Aber diese Menschen von früher waren nicht die richtigen. Wir hatten uns in unterschiedliche Richtungen entwickelt und es stimmte einfach nicht mehr zwischen uns. Also trennten sich unsere Wege. Das war schmerzhaft, aber auch die einzige Möglichkeit – und daher die richtige. Nur so hatte ich wieder mehr Platz in meinem Leben für Menschen, die sich aufrichtig für mich freuen können und diesen spannenden Weg, der noch lange nicht zu Ende ist, gemeinsam mit mir gehen wollen. Und das ist toll!

Ich grolle niemandem hinterher, auch wenn mich manche Personen sehr enttäuscht und verletzt haben. Aber ich weiß: **Am Ende des Tages zählt, dass Du beruhigt schlafen gehen kannst. Also sei nachsichtig und lerne zu vergeben! Nur dann bist Du im Reinen mit Dir selbst.** Wenn ich mich abends ins Bett lege, will ich nicht verärgert sein. Meine Gedanken sollen nicht um negative Erfahrungen und Erinnerungen kreisen. Ich will positiv in die Zukunft schauen und das geht nur, wenn ich das Geschehene akzeptiere – denn ändern kann ich es eh nicht mehr. Stattdessen fokussiere ich all meine Energie darauf, mich auf den kommenden Tag zu freuen – denn der wird bestimmt wunderschön! Außerdem glaube ich an Karma: Ich bin überzeugt, dass Menschen, die mich oder jemand anderen ungerecht behandelt haben, an irgendeinem Punkt in ihrem Leben genau das Gleiche zurückbekommen. Es gibt ja dieses schöne Sprichwort: Man erntet, was man sät. In meinen Augen trifft das genau den Punkt! **Es lohnt sich nicht, Rachegedanken hinterherzuhängen. Damit zieht man sich selbst nur runter.** Stattdessen vertraue ich auf das Schicksal und richte all meine Energie auf mich selbst und das Glück in meinem Leben.

Dass alles sich ständig verändert, heißt auch, dass man sich auf nichts wirklich verlassen kann. Das ist auch der Grund, warum ich kein Mensch bin, der gern wochenlang im Voraus alles plant. Ich habe einfach gelernt, dass das nichts bringt – irgendwas läuft dann sowieso wieder anders, es gibt unvorhergesehene Zwischenfälle, Menschen entscheiden sich um. Das ist doch immer so. Klar, ganz ohne Planung geht es auch nicht – aber alles in allem bin ich eher spontan und impulsiv und passe mich den Gegebenheiten dann an, wenn sie es erfordern. Und weil ich im Vorhinein keine großartigen Pläne mache, kann ich dann auch nicht enttäuscht sein, wenn sie am Ende ins Wasser fallen. Perfekt! Denn auch das ist in meinen Augen ganz wichtig: **Habe keine Erwartungen, nicht an die Welt im Allgemeinen und nicht an Menschen im Speziellen. Denn dann kannst Du nie enttäuscht werden – nur positiv überrascht!** Natürlich klappt das nicht immer. Manchmal wünscht man sich etwas von ganzem Herzen, aber der Wunsch geht nicht in Erfüllung und man ist traurig und enttäuscht. Das passiert und gehört zum Leben dazu. Aber auch diese Situationen muss man annehmen. Vielleicht wird sich ja später herausstellen, dass es sogar gut war, dass diese eine Sache nicht geklappt hat, weil sich dadurch an anderer Stelle eine viel bessere Chance eröffnet. Oder man lernt eine Lektion, die einem später im Leben sehr hilfreich ist. Wichtig ist nur, alles, was im Leben geschieht, zu akzeptieren und den Blick immer nach vorn zu richten. Seit ich auf diese Weise durchs Leben gehe, kann mich nichts mehr so leicht umhauen. Die Welt ist im Fluss und bewegt sich. Ich bewege mich mit ihr zusammen und mache so immer größere Schritte nach vorn. Und selbst wenn es mal nicht so läuft, wie ich das will, weiß ich eins genau: Ich werde niemals stehen bleiben!

Dounia:

ENTDECKE DIE WUNDERVOLLEN DINGE UM DICH HERUM UND

LERNE SIE ZU SCHÄTZEN – JEDEN TAG!

Es gibt da einen Spruch, den wahrscheinlich jeder kennt, und zwar: **Gib jedem Tag die Chance, der schönste Deines Lebens zu werden.** Diesen Satz hat man wahrscheinlich schon tausendmal gehört und er ist mittlerweile schon ein bisschen abgegriffen. Trotzdem glaube ich, dass da viel Wahres dran ist. Ich freue mich auf jeden neuen Tag, auch wenn ich weiß, dass er vielleicht stressig wird oder ich unangenehme Aufgaben erledigen muss. Aber ich glaube ganz fest daran, dass man selbst über sein eigenes Glück bestimmen kann und dass das noch nicht mal so schwer ist. Man muss sich einfach nur klarmachen: **Du selbst entscheidest, worauf Du den Fokus setzen willst. Möchtest Du nur die schlechten Dinge sehen oder willst Du Dich stattdessen lieber auf die schönen Sachen konzentrieren?**

Ich habe diese Weisheit im Laufe meines Studiums gelernt. Damals war ich oft nicht so richtig zufrieden mit meinem Leben, der

Alltag an der Uni macht nicht immer Spaß, viele Dinge waren langweilig. Dennoch wollte ich es durchziehen – und tat das mit Erfolg. Gelungen ist mir das, weil ich immer den Ausgleich gesucht habe zwischen den Aufgaben, die mir weniger Spaß machten, und den kleinen Dingen in meinem Leben, die mich mit Glück erfüllten. Meine Situation war nicht perfekt, aber genau dadurch habe ich gelernt, mich auf die schönen Seiten meines Lebens zu konzentrieren. Mir wurde klar: **Du musst die Augen öffnen und lernen, die Dinge in Deinem Leben wertzuschätzen, sonst wirst Du niemals glücklich!**

1988: Lamiya und ich mit unserer Mama. Meine Familie ist für mich das ganz große Glück.

Ich weiß, dass das in der heutigen Zeit gar nicht so einfach ist. In unserem Alltag werden wir mit Bildern von anscheinend perfekten Menschen geradezu bombardiert. Die Models in der Werbung haben alle Traumkörper, im Internet kriegen wir jeden Tag die Geschichten von reichen und erfolgreichen Persönlichkeiten vorgesetzt, auf Blogs sehen wir Bilder von perfekt eingerichteten Wohnungen mit riesigen Kleiderschränken und in unserem Facebook-Stream Liebesbekundungen und Urlaubsfotos von Traumstränden in der Karibik. Die Messlatte für uns selbst wird auf diese Weise unglaublich hoch gehängt. Da fragt man sich dann schon mal: Warum führe ich eigentlich nicht dieses perfekte Leben? Warum kann ich das alles nicht haben? Aber das ist falsch! **Niemand hat das perfekte Leben – auch wenn es manchmal so aussieht.** Jeder Mensch hat irgendeine Bürde in seinem Leben zu tragen. Sich solche Fragen zu stellen und irgendeiner Illusion vom perfekten Glück nachzuhängen, das es so gar nicht gibt, bringt einen nicht weiter und schadet nur. **Man sollte das Glück nicht immer woanders suchen, denn meistens liegt es schon direkt vor der eigenen Nase. Manchmal muss man nur die eigenen Erwartungen ein wenig herunterschrauben.** Ich sage immer wieder, dass wir alle durch die ganzen Hollywood-Blockbuster geschädigt sind. Wir träumen von einem unglaublichen Leben mit einem riesigen Happy End. Manchmal muss man das eigene Leben aber einfach nur aus einem anderen Blickwinkel betrachten, um zu erkennen, wie viel Glück man doch in Wahrheit hat.

Dazu gehört auch, zu akzeptieren, dass manchmal einfach nicht alles so läuft wie geplant. Es gibt Tage, da hat man schlechte Laune oder keine Lust zu arbeiten. Man schafft es nicht, das vorgenommene Tagespensum zu erfüllen und hinkt seinem Zeitplan hinterher. Auch mir passiert das immer wieder. Das ist völlig normal. Aber auch in diesem Fall hat man wieder zwei Möglichkeiten: **Man kann entweder sauer auf sich selbst sein, weil die Dinge nicht optimal gelaufen sind, oder man nimmt es einfach hin. Es ist wichtig, nicht immer so streng mit sich selbst zu sein!** Wenn man das einmal verstanden hat, kann man immer noch das Beste aus dem Tag herausholen und eine wunderschöne Zeit verbringen – auch wenn diese vielleicht anders aussieht, als das ursprünglich geplant war. Anstatt irgendetwas zu erledigen oder zu arbeiten, trifft man sich mit Freunden, besucht seine Familie, läuft mit dem Hund Gassi durch den Park oder geht zum Sport. Man tut Dinge, die einen glücklich machen und füllt so seine Glücksreserven wieder auf. Na gut, dann bleibt die Arbeit halt unerledigt oder die Küche ungeputzt. Aber dafür hat man am nächsten Tag dann umso mehr Energie, um diese Aufgaben anzugehen!

Seitdem mir klar geworden ist, dass glücklich sein kein ultimatives Endziel, sondern eine Lebenseinstellung ist, bin ich täglich von Glück umgeben – denn ich habe mich bewusst dafür entschieden. Jeden Tag erschaffe ich mir meine eigenen kleinen Glücksoasen, die mich auch über Wasser halten, wenn es mal nicht so gut läuft. Dazu gehören zum Beispiel Bilder von meiner Familie, die ich immer in meinem Geldbeutel bei mir trage, und mein Lieblingsparfüm, das in meiner Handtasche nicht fehlen darf. Wenn ich unterwegs bin und es gerade stressig ist oder ich spüre, dass ich schlechte Laune bekomme, hole ich die Fotos meiner Liebsten aus dem Geldbeutel, schreibe ihnen eine SMS und freue mich auf einen gemeinsamen Nachmittag. Oder ich sprühe mir das Parfüm auf, weil es mich an tolle Momente in meinem Leben erinnert und einfach so unglaublich gut riecht. Diese kleinen Momente, die manchmal weniger als eine Minute dauern, bedeuten für mich das ganz große Glück. Sie erinnern mich daran, wer ich bin, was für tolle Menschen mich umgeben und warum ich mich jeden Tag freue, am Leben zu sein. Ich bin mir ganz sicher: **Es sind die kleinen Dinge im Leben, die zählen. Man muss sie nur entdecken.**

Der einfache WEG ZUM GLÜCK: *Das Tagesresümee*

Wenn auch Du lernen willst, die kleinen Dinge im Leben mehr zu schätzen und Dir Deines täglichen Glückes bewusst zu werden, habe ich eine ganz einfache Methode für Dich. Ich mache das selbst jeden Tag und es wirkt Wunder!

Jeden Abend, bevor ich schlafen gehe, stelle ich mir im Stillen die Frage: Was war der tollste Moment heute und was war der schlechteste? Ich erinnere mich, bewerte die Geschehnisse des Tages und ziehe ein Resümee für mich. Wenn ich einen schlechten Tag hatte, lasse ich meine Emotionen raus – denn sonst stauen sie sich nur an und belasten mich noch tagelang. Ich habe mal einen Spruch dazu gelesen, der total ins Schwarze trifft: Give it one good cry and then change it or accept it. An dieses Zitat versuche ich mich zu halten. Ich überlege, was mich an dem vergangenen Tag gestört hat und wie man das ändern könnte. Wenn ich keinen Einfluss auf die Situation habe und sie nicht aus eigener Kraft zum Positiven wenden kann, versuche ich, sie zu akzeptieren. Ich arrangiere mich damit, denn ich möchte mich nicht weiter runterziehen lassen.

Aber selbst wenn es gerade etwas in meinem Leben gibt, womit ich nicht vollkommen zufrieden bin, ist der viel wichtigere Teil dieser Übung doch, sich klarzumachen, was man Schönes erlebt hat an diesem Tag. Meistens gibt es da gleich mehrere Sachen, die einem einfallen, und seien sie auch noch so klein. Das kann zum Beispiel ein gutes Essen sein, ein kurzes Telefonat mit einer Freundin, ein Lächeln, das einem jemand Fremdes auf der Straße geschenkt hat. Wenn ich mich an all die tollen Sachen erinnere, die mir an diesem Tag passiert sind, fühle ich mich gleich viel zufriedener und glücklicher und freue mich schon auf morgen. Denn ich weiß, dass mich auch am nächsten Tag wieder genauso viele schöne Momente erwarten – und das gilt einfach für jeden Tag.

Mit dieser Übung schärft man den Blick für das Glück im eigenen Leben und lernt, sich auf die positiven Seiten zu konzentrieren. Wenn Du möchtest, kannst Du Dir die Ergebnisse Deines täglichen Resümees auch aufschreiben. Immer, wenn es Dir einmal nicht so gut geht, kannst Du dann in Deinem Glückstagebuch blättern und erinnerst Dich so viel schneller wieder daran, wie schön das Leben doch eigentlich ist. Das ist es nämlich wirklich, mit hundertprozentiger Sicherheit!

Schon mit fünf Jahren war ich eine Frohnatur. Ich wusste: Das Leben ist schön! Und genau das denke ich heute immer noch.

DER SLIMANI-LOOK

FÜHL DICH WOHL IN DEINER HAUT –

DENN DAS STRAHLST DU AUCH AUS!

Das nächste Kapitel dreht sich rund um die Themen Pflege, Styling und Mode. Wir zeigen Dir, wie Du Deine Haut und Deine Haare richtig pflegst, Dir ein tolles Make-up zauberst und aus ein paar einfachen Kleidungsstücken ein umwerfendes Outfit zusammenstellst. Für uns gehört es dazu, jeden Tag ein wenig Zeit in unser Äußeres zu investieren. Nicht weil wir für andere schön sein wollen oder irgendwelchen Trends hinterherrennen – sondern damit wir uns selbst zu hundert Prozent wohl in unserer Haut fühlen.

Wir hoffen, dass unsere Tipps auch Dir dabei helfen, das Beste aus Deinem Äußeren herauszuholen. Denn wer seinen Körper mag und rundum zufrieden mit seinem Aussehen ist, der strahlt das auch aus! Wir wollen Dich nicht dazu anspornen, Perfektion anzustreben oder zu jeder Zeit des Tages topgestylt zu sein. Darum geht es nicht! Aber wir glauben, dass Du offener und selbstbewusster durch die Welt gehst, wenn Du mit Deinem äußeren Erscheinungsbild im Reinen bist. Deinen Körper zu pflegen und ihm Gutes zu tun, wird Dir dabei helfen, Dich selbst zu lieben und so anzunehmen, wie Du bist – mit allen Deinen Makeln und Fehlern. Denn diese sind ein Teil von Dir und machen Dich zu einem einzigartigen Menschen mit einem einzigartigen Äußeren. Du bist einmalig und umwerfend schön, so wie Du bist. Deinem Körper regelmäßig etwas Zeit zu schenken und Dich liebevoll um ihn zu kümmern, wird Dir dabei helfen, diese Schönheit zu erkennen und sie auszustrahlen.

HAUTPFLEGE LEICHT GEMACHT

Dounia:

3 *grundlegende Prinzipien für* STRAHLEND SCHÖNE HAUT

Die meisten Menschen verbinden mit dem Begriff Hautpflege die morgendliche und abendliche Prozedur im Badezimmer: Das Gesicht waschen und reinigen, Pflegeprodukte und Cremes auftragen. Doch zu einer allumfassenden Hautpflege gehört viel mehr als das! In meiner Jugend litt ich unter Akne und mein Gesicht war voller Pickel, Pigmentflecken und Narben. An irgendeinem Punkt war ich meine schlechte Haut so leid, dass ich mich intensiv mit dem Thema Hautpflege auseinandersetzte. Je eingehender ich mich mit dem Thema beschäftigte, desto klarer wurde mir: Hautpflege findet nicht nur auf Deiner Haut statt, sondern sie fängt in Dir drin an! Denn Deine Haut als Schutzhülle Deines Körpers zeigt deutlich, welchen Einflüssen Du tagtäglich ausgesetzt bist – und genau da musst Du ansetzen. Seit ich das erkannt habe, gelten für mich drei Prinzipien für eine reine und gesunde Haut:

1. Gesunde Ernährung: Du bist, was du isst. Das ist kein doofer Spruch, sondern die absolute Wahrheit! Eine gesunde Ernährung verbessert langfristig auch das Hauterscheinungsbild. Achte bei Deiner Ernährung darauf, viel frisches Obst und Gemüse zu Dir zu nehmen und auf Fastfood, soweit es geht, zu verzichten. Ebenso ist es wichtig, die Finger von industriell verarbeiteten Lebensmitteln zu lassen, da diese meistens viele ungesunde Zusatzstoffe enthalten. Besinn Dich stattdessen auf einfache Zutaten und meide ungesunde Fette und Speisen mit viel Zucker! Zusätzlich zu einer ausgewogenen Ernährung solltest Du darauf achten, dass Du ausreichend Wasser trinkst, denn das spendet der Haut Feuchtigkeit und sorgt für eine bessere Durchblutung. Zwei bis drei Liter pro Tag sind optimal!

2. Sport: Bewegung kurbelt den Stoffwechsel an und fördert die Durchblutung, außerdem wird das Gewebe gestrafft und durch das Schwitzen befreit sich der Körper von Giftstoffen. Jeder kennt das pralle und rosige Hautgefühl direkt nach dem Sport, aber auch auf lange Sicht profitiert Deine Haut davon, wenn Du Dich regelmäßig bewegst. Versuche deshalb unbedingt genug Bewegung in Deinen Alltag zu integrieren. Keine Angst, Du musst nicht zum Leistungssportler werden – eine halbe Stunde pro Tag reicht schon aus! Auf Seite 162 findest Du einige Übungen, die Du ganz leicht zu Hause machen kannst.

3. Typgerechte Hautpflege: Jede Haut ist anders und verlangt eine speziell auf sie zugeschnittene Pflege. Dazu benötigst Du nicht die teuersten Pflegeprodukte – wichtig ist nur, dass sie Deinem Hauttyp entsprechen und Du sie gut verträgst. Meistens braucht es seine Zeit, bis man herausgefunden hat, welche Produkte am besten für die eigene Haut geeignet sind. Dabei sollte man besonders darauf achten, welche Inhaltsstoffe in den Pflegeprodukten verwendet werden. Wichtig ist auch, sich eigene Pflegerituale zu schaffen, damit man nicht in Versuchung gerät, die Hautpflege schleifen zu lassen – denn das nimmt Deine Haut Dir sofort übel. Hautpflege kostet Zeit – aber das sollte sie Dir wert sein!

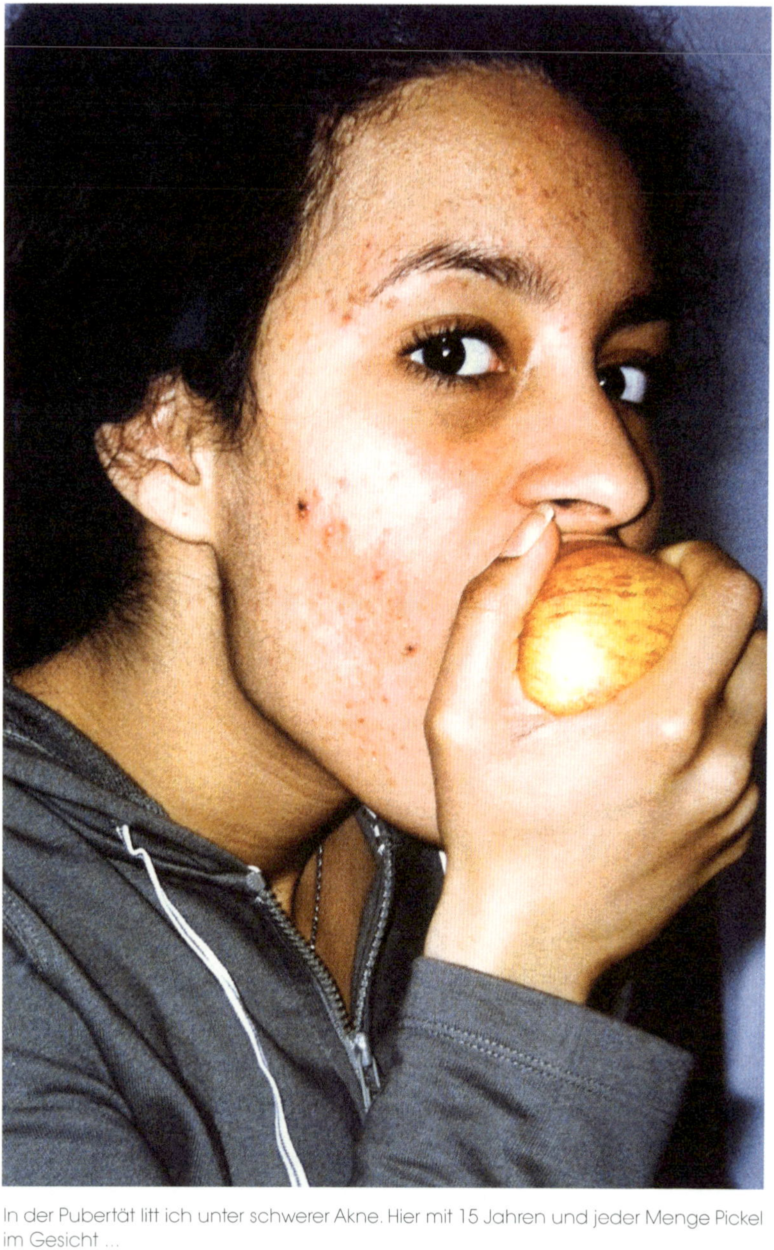

In der Pubertät litt ich unter schwerer Akne. Hier mit 15 Jahren und jeder Menge Pickel im Gesicht ...

Heute sieht man davon zum Glück nichts mehr! Durch die richtige Pflege und eine gesunde Ernährung bin ich meine Akne losgeworden.

Sami: *Die* BASISPFLEGE *für Dein* GESICHT

Wer sich eine reine und ebenmäßige Haut wünscht, muss sein Gesicht jeden Tag gründlich pflegen – das gilt auch für die Männer der Schöpfung. Im Handel findet man hierzu eine Vielzahl an Pflegeprodukten für die verschiedenen Hauttypen: fettige Haut, Mischhaut und trockene Haut. Welche Produkte der eigenen Haut guttun, muss am Ende jeder für sich selbst herausfinden. Es gibt bei der Gesichtspflege aber einige grundlegende Regeln, die für jeden Hauttyp gelten. Du solltest Deine Haut …

… regelmäßig reinigen: Es ist wichtig, Deine Haut einmal täglich zu reinigen und sie von Schmutz und überschüssigem Talg zu befreien. Fettige Haut, die zu Unreinheiten neigt, kann auch zweimal täglich gereinigt werden. Dafür benutzt Du am besten ein spezielles Waschgel für das Gesicht, da Wasser allein keine Fette lösen und somit Dein Gesicht nicht optimal reinigen kann. Bei trockener Haut empfehle ich Dir eine Reinigungsmilch; diese reinigt die Haut nicht nur, sondern versorgt sie gleichzeitig mit Feuchtigkeit und schützt sie somit vor dem Austrocknen. Ich persönlich schwöre bei der Hautpflege außerdem auf Gesichtsbürsten: Mit diesen speziellen Reinigungsbürsten für das Gesicht lassen sich Dreck und abgestorbene Hautschuppen viel effektiver entfernen, als wenn Du Dein Reinigungsprodukt nur mit den Händen einmassierst. Die Reinigung solltest Du mit dem Auftragen eines Gesichtswassers abschließen, da so auch die letzten Schmutzreste und Spuren Deiner Waschlotion entfernt werden. Außerdem erfrischt es Deine Haut und bringt Dein Gesicht zum Strahlen. Für eine intensive Gesichtsreinigung eignen sich auch Peelings: Hier ist allerdings Vorsicht geboten, da Peelings Deine Haut reizen können. Generell gilt: Du solltest Deine Haut nicht überpflegen, sondern genau die richtige Mitte für Dich und Deine Haut finden!

Dank meiner täglichen Reinigungsroutine strahlt meine Haut – und ich bin glücklich!

Lamiya:

TIPP: Richtig abschminken!

Sich abzuschminken, bedeutet nicht, nur einmal schnell mit dem Abschminktuch übers Gesicht zu gehen. Das wäre schön! Zum Abschminken gehört aber immer eine anschließende gründliche Reinigung, bei der auch die letzten Make-up-Reste entfernt werden. Denn wenn zu viele Make-up-Reste auf der Haut bleiben, verstopfen die Poren und es kommt zu Hautunreinheiten. Wer wirklich gesunde, reine Haut haben möchte, der muss für diesen Prozess ein bisschen mehr Zeit einplanen. Es lohnt sich!

… mit Feuchtigkeit versorgen: Eine gesunde Haut zeichnet sich dadurch aus, dass sie optimal mit Feuchtigkeit versorgt ist. Neben dem täglichen Wassertrinken, das Deiner Haut von innen heraus Feuchtigkeit spendet, ist hierzu das regelmäßige Eincremen unerlässlich. Welche Feuchtigkeitscreme Du verwenden solltest, ist von Deinem Hauttyp abhängig. Es gibt Cremes für fettige, normale und für trockene Haut. Auch hier musst Du wahrscheinlich wieder eine Weile herumprobieren, bis Du die perfekte Feuchtigkeitspflege für Dich findest. Wenn Du unter besonders trockener Haut leidest, können Dir feuchtigkeitsspendende Gesichtsmasken helfen, die Du regelmäßig anwenden solltest. Deine Feuchtigkeitscreme solltest Du morgens und abends auftragen – und natürlich immer, nachdem Du Dein Gesicht gereinigt hast und bevor Du Make-up aufträgst. Glaube mir, Deine Haut wird es Dir danken!

... von Schmutz und Bakterien fernhalten: Man glaubt gar nicht, wo in unserem Alltag überall Bakterien lauern, die nur darauf warten, Deine Gesichtshaut zu bevölkern! Mal ernsthaft: Unsere Welt ist ziemlich dreckig, auch wenn man es nicht sieht. Selbst in der Luft befinden sich Feinstaub und andere Schmutzpartikel, die sich auf Deiner Haut festsetzen und Deine Poren verstopfen können. Deine Aufgabe im täglichen Leben ist es, Deine Haut möglichst wenig mit Bakterien und Schmutz in Berührung zu bringen, damit sie schön frisch und rein bleibt. Die erste Regel lautet daher: Fass Dir nicht so oft ins Gesicht! Mit Deinen Händen fasst Du im Laufe des Tages viele Dinge an, an denen meist auch viele Bakterien kleben. Wenn Du Dein Gesicht berührst, verteilen sich diese Bakterien natürlich auf Deiner Haut. Daher ist es auch wichtig, vor der Gesichtsreinigung Deine Hände gut zu waschen. Ein weiterer Tipp: Trockne Dein Gesicht nie mit einem Handtuch ab, das nicht frisch ist. Denn auch beim Händeabtrocknen sammeln sich in den Handtüchern Schmutz und Keime. Benutze stattdessen lieber ein Kosmetiktuch, Toilettenpapier oder ein Wattepad. Genauso wie in Handtüchern sammeln sich übrigens auch auf Deinem Kopfkissenbezug Bakterien, da sich über Nacht Deine Haut regeneriert und Du viele alte Hautschuppen verlierst. Daher ist es wichtig, Deinen Kissenbezug regelmäßig zu wechseln – immerhin ist er mehrere Stunden des Tages in direktem Kontakt mit Deinem Gesicht. Optimal ist es, wenn Du Dein Kopfkissen alle fünf Tage neu beziehst.

ERSTE HILFE
bei Akne und trockener Haut:
3 GESICHTSMASKEN
zum Selbermachen

Dounia:

DIE HEILERDE-MASKE FÜR FETTIGE HAUT:

Heilerde ist mein absoluter Geheimtipp bei Pickeln und öliger Haut, die zu Unreinheiten neigt. Sie ist in jeder normalen Drogerie erhältlich und enthält jede Menge Kieselsäure, Mineralstoffe und Spurenelemente, die gut für Deine Haut sind. Regelmäßig eine Heilerde-Maske anzuwenden, hat mir dabei geholfen, meine Akne in den Griff zu bekommen. Wenn Du ebenfalls unter Akne leidest, solltest Du am besten zwei- bis dreimal wöchentlich eine Heilerde-Maske auftragen. Bei trockener Haut reicht einmal die Woche.

Du brauchst:

1 EL Heilerde
1 TL Zucker
Rosenwasser oder normales Wasser

Und so geht's:

Vermische einen Esslöffel Heilerde mit einem Teelöffel Zucker in einer Schüssel. Nun füge so viel Rosenwasser hinzu, bis die Masse eine cremige Konsistenz hat. Du kannst statt Rosenwasser auch normales Wasser benutzen, aber Rosenwasser unterstützt die entfettende Wirkung der Heilerde noch zusätzlich. Verrühre die Zutaten gut. Wenn die Masse zu flüssig ist, gib noch etwas Heilerde hinzu. Nun lege Dir ein Handtuch um, damit die Maske beim Auftragen nicht auf Deine Klamotten tropft. Sollte Deine Kleidung trotzdem einmal mit Heilerde in Berührung kommen, ist es wichtig, sie sofort auszuwaschen, da die Flecken sehr hartnäckig sind, wenn sie erst einmal getrocknet sind. Trage im nächsten Schritt die Maske mit Deinen Fingern auf Dein Gesicht auf und massiere sie sanft in Deine Haut ein. Spare die Augen- und Mundpartie aus. Der Zucker wirkt dabei als natürliches Peeling und öffnet Deine Poren, damit die Heilerde ihre Wirkung voll entfalten kann. Lass die Maske nun einige Minuten einwirken, bis sie getrocknet ist. Wasch sie dann mit lauwarmem Wasser ab. Danach sollte sich Deine Haut straff und erfrischt anfühlen. Reinige anschließend Dein Gesicht mit dem restlichen Rosenwasser und einem Wattepad. Das riecht gut und sorgt für einen frischen Teint.

TIPP: Erste Hilfe bei Akne und unreiner Haut

Das oberste Gebot bei Pickeln lautet: Nicht anfassen! Ich weiß, das ist schwer, aber ausgedrückte Pickel können zu Narben und Pickelmalen führen, die noch über Monate hinweg auf Deinem Gesicht zu sehen sind. Daher ist es besser, die Pickel auszutrocknen. Trage dazu Teebaumöl auf die betreffenden Stellen auf und lass es über Nacht einwirken. Optional kannst Du auch Produkte mit Salicylsäure verwenden. Wenn du gerade kein Drogerieprodukt zur Hand hast, lös einfach eine Aspirin-Tablette in einem Glas Wasser auf und träufle die Lösung auf die unreinen Stellen. Ist der Pickel dann ausgetrocknet, kannst Du die abgestorbenen Hautschuppen mit einem Peeling entfernen.

Sami:

DIE APFELESSIG-MASKE GEGEN PICKEL UND MITESSER:

Apfelessig wirkt desinfizierend und enthält viele Aminosäuren, Vitamine und Mineralstoffe. Damit ist er ein wahres Wundermittel gegen unreine Haut. Außerdem hat er eine leicht bleichende Wirkung, wodurch Pickelmale und Aknenarben gemildert werden. Die Apfelessig-Maske ist ein Muss für Dich, wenn Du Dir ein reineres Hautbild wünschst. Trage sie am besten zweimal pro Woche auf, dann stellen sich bald erste Erfolge ein!

Du brauchst:

1 TL Apfelessig
3 TL grüner Tee
7 TL Zucker
1 TL Honig

Und so geht's:

Bereite mit kochendem Wasser eine Tasse grünen Tee zu und lass ihn abkühlen. Vermische anschließend in einer Schüssel drei Teelöffel des grünen Tees mit einem Teelöffel Apfelessig. Füge nun sieben Teelöffel Zucker und einen Teelöffel Honig hinzu und vermische die Zutaten, bis eine körnige Masse entsteht. Wenn das Ergebnis zu flüssig ist, gib noch mehr Zucker hinzu. Trage die Masse mit einem Wattepad auf Dein Gesicht auf und massiere sie anschließend mit Deinen Fingern ungefähr fünf Minuten lang in Deine Haut ein. Der Zucker und der Apfelessig wirken hierbei als ein natürliches Peeling und öffnen Deine verstopften Poren. Lass die Maske dann zehn Minuten lang einwirken. In dieser Zeit können die Vitamine in die Poren eindringen und ihre volle Wirkung entfalten. Der Honig und der grüne Tee spenden Deinem Gesicht außerdem Feuchtigkeit und wirken desinfizierend. Nach zehn Minuten kannst Du die Maske mit lauwarmem Wasser abnehmen. Nimm zum Schluss den restlichen grünen Tee und gib noch etwas Apfelessig hinzu. Das Verhältnis zwischen Tee und Apfelessig sollte zwei zu eins betragen. Mit dieser Mischung kannst Du nun abschließend Dein

Gesicht reinigen. Trage sie dazu einfach mit einem Wattepad auf Deine Haut auf und lass sie einziehen.

TIPP: Grüner Tee gegen Hautirritationen und Rötungen

Grüner Tee wirkt antibakteriell und ist eine wahre Wohltat für die Haut. Damit Du Deinem Gesicht mehrmals täglich den ultimativen Frischekick verpassen kannst, koche einfach eine Tasse grünen Tee auf und lass ihn acht Minuten lang ziehen. Fülle dann den Tee in einen Duftzerstäuber (den gibt es für wenig Geld in jeder Drogerie) und stelle diesen zum Abkühlen in den Kühlschrank. Über den Tag verteilt kannst Du Dir mit dem Zerstäuber nun immer wieder etwas Tee auf Deine Haut sprühen – das wirkt erfrischend und beruhigend. Der grüne Tee ist im Kühlschrank übrigens circa eine Woche haltbar.

Lamiya:

DIE SPINAT-FEUCHTIGKEITS-MASKE FÜR TROCKENE HAUT:

Das Rezept für diese Maske hat mir einmal unsere Großmutter verraten, deren Haut trotz ihres Alters immer jugendlich frisch und straff aussieht. Für mich ist klar: So möchte ich auch irgendwann mal aussehen! Die Spinat-Feuchtigkeitsmaske ist perfekt für Dich, wenn Du genau wie ich eine eher trockene Haut besitzt, die nach einer intensiven Feuchtigkeitspflege verlangt. Spinat besitzt noch dazu viele Vitamine, die für einen verbesserten Zellschutz sorgen und Deine Haut so jung und frisch halten. Außerdem regt die Maske die Durchblutung an und wirkt entgiftend auf Deine Haut. Einfach perfekt! Am besten wendest Du die Maske zweimal pro Woche an, damit Deine Haut optimal mit Feuchtigkeit versorgt ist.

Du brauchst:

Einige frische Spinatblätter
2 EL Crème fraîche
1 Schuss Kokosmilch

Und so geht's:

Lege die Spinatblätter in eine Schüssel und übergieße sie mit heißem Wasser. Lass sie dann für circa fünf Minuten ziehen, damit sich die Wirkstoffe des Spinats voll entfalten können. Vermische währenddessen in einer Schale zwei Esslöffel Crème fraîche mit einem Schuss Kokosmilch. Die Konsistenz der dabei entstehenden Masse sollte nicht zu flüssig sein, sondern immer noch schön cremig. Hole nun die Spinatblätter aus dem Wasser und breite sie nebeneinander auf einem Teller aus. Lass sie kurz abkühlen und bestreiche sie dann großzügig mit der Masse aus Crème fraîche und Kokosmilch. Wenn Du damit fertig bist, lege Dir ein Handtuch um, damit die Crème fraîche nicht auf Deine Klamotten tropft. Nimm anschließend ein Spinatblatt nach dem anderen und lege es mit der bestrichenen Seite nach unten auf Dein Gesicht. Mach das so lange, bis Dein ganzes Gesicht mit Spinatblättern bedeckt ist – außer natürlich der Mund und die Augen, die werden ausgespart.

Falls sich am Ende noch Lücken zwischen den Spinatblättern befinden, kannst Du diese ausfüllen, indem Du einfach ein wenig der überschüssigen Creme in Deinem Gesicht verreibst. Jetzt siehst Du zwar aus wie Shrek – aber durch den hohen Fettgehalt der Crème fraîche und der Kokosmilch bekommt Dein Gesicht eine Extraportion Feuchtigkeit. Lass die Maske nun zehn Minuten einwirken, damit die Feuchtigkeit in Deine Haut einziehen und der Spinat seine volle Wirkung entfalten kann. Nimm anschließend die Spinatblätter von Deinem Gesicht und massiere die Creme ruhig noch einmal richtig schön in Deine Haut ein. Wasche zum Schluss Dein Gesicht mit lauwarmem Wasser, sodass auch die letzten Reste der Creme entfernt werden. Deine Haut sollte sich nun wunderbar weich und elastisch anfühlen!

ALLES ÜBER MAKE-UP

UND DIE RICHTIGE ANWENDUNG

Die **BASICS,** *mit denen* NICHTS SCHIEFGEHEN KANN

Grundierung: Eine saubere Grundierung ist die Basis von jedem Make-up, egal ob aufwendig oder simpel, und daher der erste Schritt, den Du beim Schminken vornimmst. Bevor Du loslegst, solltest Du aber immer zuerst eine Tagescreme auftragen und sie einige Minuten einwirken lassen, damit die Grundierung natürlich wirkt und Deine Gesichtshaut nicht austrocknet.

Den Start machst Du mit der **Foundation.** Auf dem Markt gibt es zahlreiche Foundations, die für verschiedene Hauttypen geeignet sind. Wenn Du nicht weißt, ob Du eher eine Foundation für trockene oder fettige Haut benötigst, lass Dich am besten in einem Kaufhaus oder beim Kosmetiker beraten. Aber nicht nur der Hauttyp spielt beim Kauf der richtigen Foundation eine entscheidende Rolle. Auch die Farbe sollte genau zum Ton Deiner Haut passen. Ist die Foundation nur einen Tick zu dunkel oder zu hell, kann sie sehr leicht maskenhaft wirken. Ziel einer Foundation ist es, so mit Deiner natürlichen Hautfarbe zu verschmelzen, dass sie nach dem Auftragen nicht mehr sichtbar ist. Deshalb solltest Du eine Foundation vor dem Kauf immer erst testen. Am besten trägst Du sie dazu auf Deine Wange auf und verblendest sie mit Deinen Fingern, das heißt Du verwischst die Kanten, bis kein Übergang mehr zwischen dem aufgetragenen Produkt und Deiner Haut sichtbar ist. Optional kannst Du hierfür auch einen Foundation-Pinsel oder einen Make-up-Schwamm, wie auf dem Foto abgebildet, benutzen. Sind

nach dem Verblenden immer noch Ränder zu sehen, hat die Foundation nicht den optimalen Farbton für Deine Haut und Du solltest lieber zu einer anderen Nuance greifen. Um garantiert den richtigen Farbton zu erwischen, gibt es noch zwei weitere Dinge zu beachten: 1. Foundations sehen im künstlichen Licht der Drogerie immer anders aus als in natürlichem Licht. Nimm deshalb zum Kauf einen Handspiegel mit und gehe nach dem Testen der Foundation nach draußen, um das Ergebnis richtig beurteilen zu können. 2. Foundations können nach dem Auftragen auf der Haut oxidieren, das heißt sie verändern ihre Farbe und dunkeln nach. Dieser Prozess nimmt einige Minuten in Anspruch. Am besten ist es daher, nach dem Auftragen der Foundation zehn Minuten zu warten, bevor Du im natürlichen Licht das Ergebnis bewertest und eine endgültige Kaufentscheidung triffst. Wenn Du diese Hinweise beachtest, kann beim Kauf der Foundation eigentlich nichts mehr schiefgehen!

Nach dem Auftragen der Foundation kannst Du zusätzlich einen **Concealer** verwenden, um Hautunregelmäßigkeiten wie Pigmentflecken, kleine Äderchen, Pickel, Augenringe oder andere

Farbunterschiede zu korrigieren. Genau wie bei der Foundation hast Du auch hier wieder die Wahl zwischen verschiedenen Produkten: Es gibt deckende oder leichte Concealer, außerdem lichtreflektierende Concealer zum Abdecken von Augenschatten und dunklen Pigmentflecken. Für die Wahl des richtigen Concealers gilt folgende Faustregel: Willst Du mit dem Concealer Augenringe oder Pigmentflecken abdecken, sollte der Farbton einen Tick heller sein als Deine natürliche Hautfarbe. Sollen hingegen Pickel, Aknenarben oder kleine Äderchen abgedeckt werden, greifst Du am besten zu einem Produkt, das Deinem Hautton ähnlich ist und gut deckt. Auf einen helleren Concealer solltest Du zu diesem Zweck verzichten, da Hautunebenheiten wie Pickel und Narben durch die helle Farbe nur unnötig hervorgehoben werden.

Rouge: Rote Wangen verleihen Deinem Gesicht ein gesundes und frisches Aussehen und runden jeden Look ab. Rouge gibt es in allen möglichen Varianten: als Puder, Gel oder Creme. Benutzt Du Puder-Rouge, solltest Du dieses am besten mit einem Pinsel mit

abgerundeten Kanten auftragen, damit keine harten Ränder entstehen. Außerdem wichtig: Wer zum ersten Mal Rouge benutzt, macht häufig den Fehler, dass er die rote Farbe zu großflächig verteilt. Um das zu vermeiden, lächle beim Auftragen des Rouges und gib die rote Farbe auf die Gesichtspartien, die beim Lächeln hervortreten, die sogenannten »apple of the cheeks«. Bei runden Gesichtern bietet es sich auch an, das Rouge waagrecht über die kompletten Wangenknochen aufzutragen, da das Gesicht so optisch schmaler wirkt.

Bronzer: Mit einem Bronzer kannst Du Deinem Gesicht einen natürlichen Hauch von Bräune verleihen und so frische Sommerlooks zaubern. Genauso wie Rouge gibt es Bronzer als Puder, Creme oder Gel. Der Bronzer wird mit einem voluminösen, abgerundeten Pinsel an den Stellen aufgetragen, an denen auch die Sonne normalerweise Dein Gesicht treffen würde: auf den Wangen, den Schläfen, der Stirn, der Kieferpartie, dem oberen Nasenrücken und entlang des Halses.

Augenbrauen: Die Form der Augenbrauen hat einen großen Einfluss auf die Wirkung des Gesichts. Richtig geformte und definierte Augenbrauen können Dir mehr Ausdruck verleihen und Deinen Look unterstützen. Bei der Pflege Deiner Brauen solltest Du darauf achten, dass Du nicht zu viele Härchen entfernst, sondern die Grundform Deiner Augenbrauen beibehältst. Nur wenn Du Dich am natürlichen Wuchs Deiner Brauen orientierst, wirkt das Ergebnis am Ende nicht künstlich. Folgende Anleitung kann Dir dabei helfen, Deine Brauen optimal in Form zu bringen:

1. Lege einen Stift oder Pinsel an Deinem Nasenflügel an und halte ihn so, dass er an Deinem inneren Augenwinkel vorbeiläuft. Hier sollte Deine Augenbraue anfangen.

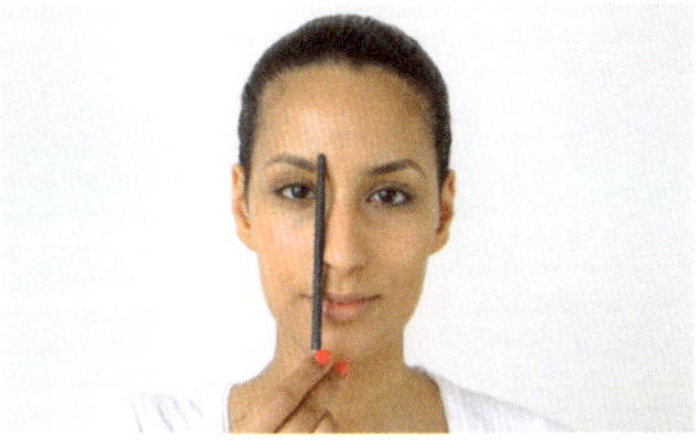

2. Halte den Stift oder Pinsel quer zu Deinem Nasenflügel, sodass er genau über Deiner Pupille liegt, wenn Du geradeaus in den Spiegel schaust. An dieser Stelle sollte der höchste Punkt Deiner Braue liegen.

3. Verbinde nun mit dem Stift oder Pinsel Deinen Nasenflügel mit Deinem äußeren Augenwinkel. So findest Du heraus, wo Deine Augenbraue enden sollte.

Wenn Du Deine Augenbraue neben dem Zupfen zusätzlich betonen willst, kannst Du sie hierfür mit einem matten Lidschatten oder Augenbrauenpuder auffüllen oder sie mit einem Augenbrauenstift nachzeichnen. Um einen natürlichen Look zu erreichen, solltest Du jedoch unbedingt einen Farbton wählen, der etwas heller ist als die natürliche Farbe Deiner Brauen. Dunkle Augenbrauen wirken leicht künstlich und lenken die Aufmerksamkeit vom Rest Deines Gesichts ab.

Lidstrich: Mit einem Lidstrich kannst Du die Form Deiner Augen betonen und sie optisch öffnen. Der für das Katzenauge typische Schwung am äußeren Augenwinkel verleiht Deinem Gesicht außerdem einen besonders starken Ausdruck. Es gibt mehrere Möglichkeiten, einen Lidstrich zu ziehen: Du kannst entweder einen Flüssig-Eyeliner verwenden oder einen Creme-Eyeliner mit einem spitzen Pinsel aufs Lid auftragen. Den idealen Lidstrich ziehst Du ganz einfach in vier Schritten:

1. Zieh zuerst oberhalb des Wimpernkranzes eine dünne Linie. Du musst diese Linie nicht an einem Stück malen – einfacher ist es, wenn Du mit kleinen Bewegungen arbeitest und viele kleine Striche zu einer durchgehenden Linie verbindest.

2. Nun kommt der berühmte Schwung an der Außenseite des Auges. Dazu setzt Du mit dem Eyeliner einfach am äußeren Augenwinkel an und verlängerst mit einer feinen Linie Deinen unteren Wimpernkranz nach oben hin. Je nach Look und Laune kannst Du Dir einen längeren oder kürzeren Lidstrich ziehen.

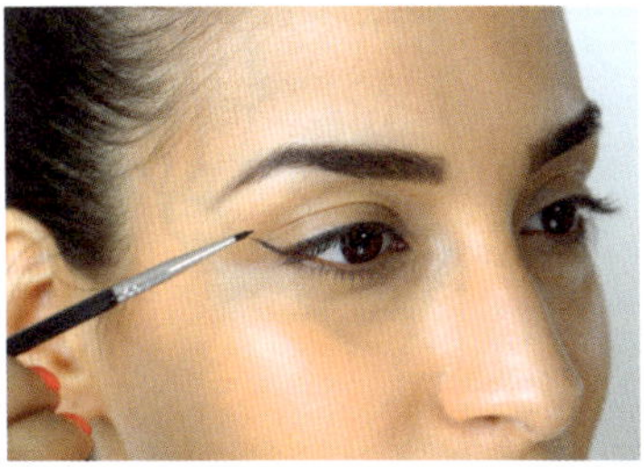

3. Als Nächstes verbindest Du die eben gezeichnete Linie durch eine weitere Linie mit dem Wimpernkranz. So entsteht ein Dreieck aus drei Linien.

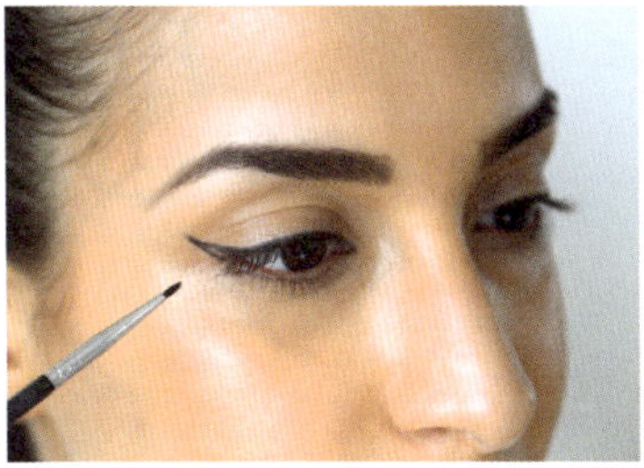

4. Zuletzt füllst Du dieses Dreieck mit Deinem Eyeliner aus. Und fertig ist der perfekte Lidstrich!

3 komplette MAKE-UPS *für jede Gelegenheit*

Dounia:

NUDE LOOK

Der Nude Look ist nichts anderes als ein dezentes Make-up, das sich super für die Schule, die Arbeit oder jede andere Aktivität eignet. Der Look ist perfekt für jeden, der sich mit zu viel Schminke unwohl fühlt, aber sich trotzdem mit ein paar Handgriffen eine natürliche Frische aufs Gesicht zaubern möchte. Ich liebe den Nude Look, weil er so schnell gemacht ist und einfach zu jeder Situation passt!

1. Wie bei jedem Make-up beginnst Du auch bei diesem Look mit der Grundierung. Trage dazu einfach eine Foundation auf die Gesichtsmitte auf und verblende sie mit Deinen Fingern, einem Pinsel oder einem Make-up-Schwamm. Nach dem Auftragen der Foundation kannst Du noch einen Concealer verwenden, um Augenschatten, Pigmentflecken und Hautunreinheiten abzudecken. Abschließend kannst Du die Grundierung je nach Hauttyp noch mit einem Puder in der T-Zone, also auf Stirn und Nase, fixieren. Dazu würde ich Dir besonders raten, wenn Du ölige oder Mischhaut hast. Durch den Puder bleibt Dein Make-up den ganzen Tag frisch.

2. Betone als nächstes Deine Augenbrauen, indem Du sie mit einem matten Lidschatten, einem Brauenpuder oder einem Augenbrauenstift auffüllst.

3. Zu einem Nude Look gehören natürlich betonte Augen. Um Deinen Wimpern einen schönen Schwung zu verleihen und Deine Augen optisch zu öffnen, kannst Du eine Wimpernzange benutzen.

4. Tusche anschließend Deine Wimpern mit einer braunen oder schwarzen Mascara. Dabei solltest Du die Wimperntusche zunächst ganz nah am Wimpernkranz auftragen und dann mit dem Applikator in Zick-Zack-Bewegungen zum Ende der Wimpern hin fahren.

5. Trage zum Finish des Looks einen nudefarbenen Lippenstift oder einen durchsichtigen Gloss auf.

Das war es schon! Und fertig ist ein natürlicher Look, der vielseitig einsetzbar ist und zu jedem Typ passt – in nur wenigen Minuten.

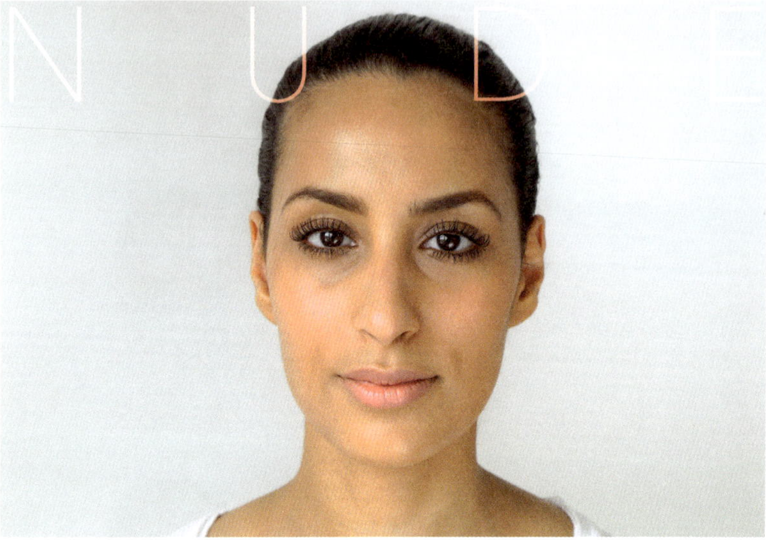

Lamiya:

SUNKISSED LOOK

Der Sunkissed Look lässt Dein Gesicht strahlen und verleiht Dir eine sommerliche Frische, so als ob Du gerade aus dem Urlaub zurückkommst. Mit wenigen Handgriffen kannst Du so zu jeder Jahreszeit ein wenig Sommer und Sonnenschein in Deinen Alltag zaubern. Ich schminke mir diesen Look gern an Tagen, an denen ich frisch und ausgeschlafen aussehen will und mich einfach nur wohl in meiner Haut fühlen möchte.

1. Beginne wie immer mit der Grundierung. Am besten greifst Du für diesen Look zu einer leichten, nicht zu stark deckenden Foundation, die Deinem Gesicht einen sommerlichen Schimmer verleiht. So wirkt Deine Haut frisch und gesund. Trage anschließend noch einen Concealer auf, um Augenschatten und Hautunreinheiten abzudecken.

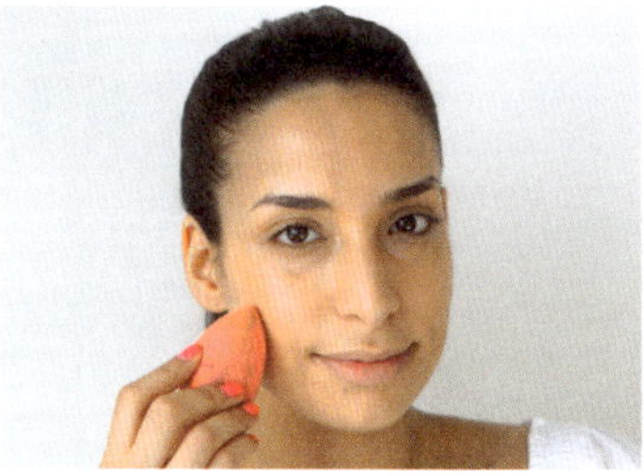

2. Je nach Typ kannst Du nun Deine Augenbrauen mit einem Puder in der passenden Farbe auffüllen und sie so zusätzlich betonen.

3. Zaubere nun mit einem Bronzer einen Hauch von Sommerbräune in Dein Gesicht. Dabei ist es wichtig, einen Bronzer zu verwenden, der nicht matt ist, sondern Deiner Haut einen leicht goldenen Glanz verleiht – wie nach dem Sonnenbad. Trage den Bronzer mit einem angespitzten Puderpinsel großflächig auf Deine Schläfen, Deine Wangen, entlang Deiner Kinnlinie und dezent auf Deinem Nasenrücken auf.

4. Betone im nächsten Schritt Deine Wangen mit etwas Rouge, um Dein Gesicht noch mehr strahlen zu lassen.

5. Zum Sunkissed Look gehört ein strahlendes Augen-Make-up. Füll Dein oberes Lid dazu mit einem golden schimmernden Lidschatten Deiner Wahl aus. Ich habe für meinen Look einen Goldton mit einem leichten Rosé-Stich gewählt. Verblende den Lidschatten gut, damit am Ende keine Konturen sichtbar sind.

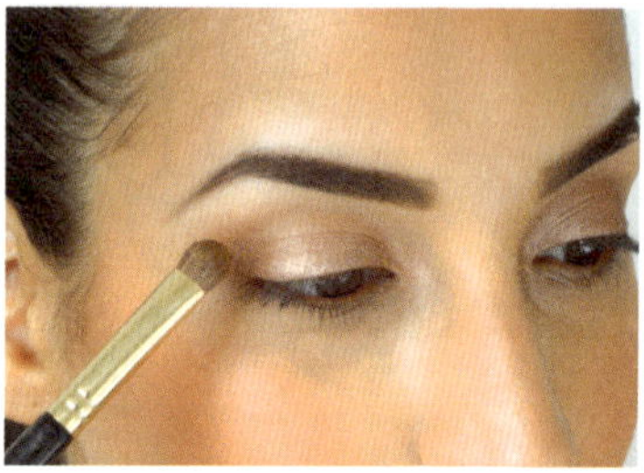

6. Akzentuiere nun Deinen Augeninnenwinkel mit einem silberglänzenden Lidschatten. Durch den Kontrast wird Dein Auge noch mehr geöffnet und Du erhältst einen umwerfend intensiven Blick.

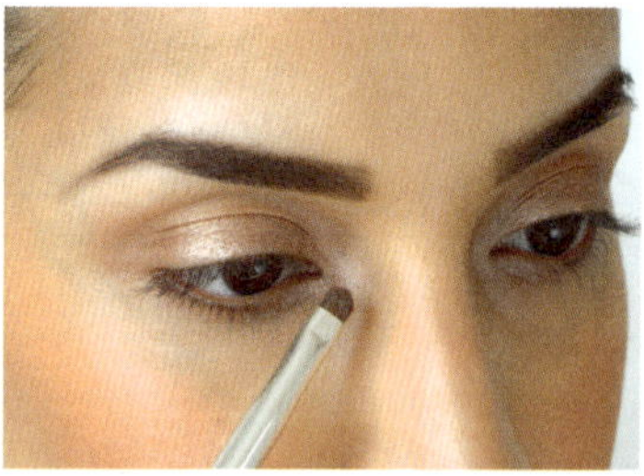

7. Auch bei diesem Make-up darf die Wimperntusche nicht fehlen. Bringe Deine Wimpern dazu zuerst mit einer Wimpernzange in Form und trage dann vorsichtig die Mascara auf.

8. Trage zum Schluss einen glänzenden Lipgloss oder eine Lipbutter auf – diese ähnelt in der Konsistenz einem Lipgloss, hat aber die Farbintensität eines Lippenstifts. Ich habe mich für einen frischen Rosé-Ton entschieden. Pass auf, dass Du keine zu dunkle Farbe für Deine Lippen wählst, denn das wirkt schwer und nimmt dem Look die sommerliche Leichtigkeit.

Und fertig ist ein natürlicher Sommerlook, der Dein Gesicht strahlen lässt und Dich frisch und spritzig wirken lässt. Der Sunkissed Look passt zu jeder Gelegenheit und ist eines meiner absoluten Lieblings-Make-ups!

Lamiya:

NIGHT OUT LOOK

Für den Abend darf das Make-up ruhig mal etwas aufwendiger sein. Ich liebe glamouröse Looks, bei denen die Augen durch einen intensiven Lidschatten betont werden und dichte schwarze Wimpern für einen unwiderstehlichen Augenaufschlag sorgen. Der Night Out Look rundet jedes Outfit ab und sorgt für einen gekonnten Auftritt, egal ob auf einem Event, bei einem Date oder im Club. Wenn Du Dein Gesicht einmal richtig in Szene setzen und garantiert alle Blicke auf Dich ziehen willst, ist dieser Look genau das Richtige für Dich!

1. Damit Dein Make-up auch eine lange Nacht übersteht, solltest Du für diesen Look vor der Foundation einen Primer auftragen. Ein Primer macht Deine Haut ebenmäßiger und bietet so eine ideale Grundlage für die Foundation. Außerdem sorgt der Primer dafür, dass Dein Make-up länger hält. Neben Primern, die als Basis für die Foundation dienen, gibt es übrigens auch extra Primer für die Lider und die Lippen. Nachdem Du den Primer aufgetragen hast, kannst Du nun wie gewohnt eine Foundation benutzen und anschließend Deine Augenschatten und Hautunreinheiten mit einem Concealer abdecken.

2. Als Nächstes sind die Augenbrauen an der Reihe: Je nach Typ kannst Du diese mit einem Stift oder Augenbrauenpuder betonen, sodass sie Deinem Gesicht einen ausdrucksstarken Rahmen verleihen.

3. Ein glamouröses Augen-Make-up ist beim Night Out Look ein Muss. Trage hierfür zuerst eine Lidschatten-Base in einem hellen Braun- oder Creme-Ton auf das gesamte Lid auf.

4. Setze nun mit einem schimmernden goldenen Lidschatten einen Akzent auf die Mitte Deines Augenlids und verblende ihn gut mit der zuvor aufgetragenen Lidschatten-Base. Das verleiht Deinen Augen eine besondere Ausstrahlung: Sie wirken größer und Dein Make-up wird noch spektakulärer! Natürlich kannst Du auch mit anderen Farben experimentieren, aber ich persönlich bevorzuge Augen-Make-ups in warmen Farben wie Gold und Braun.

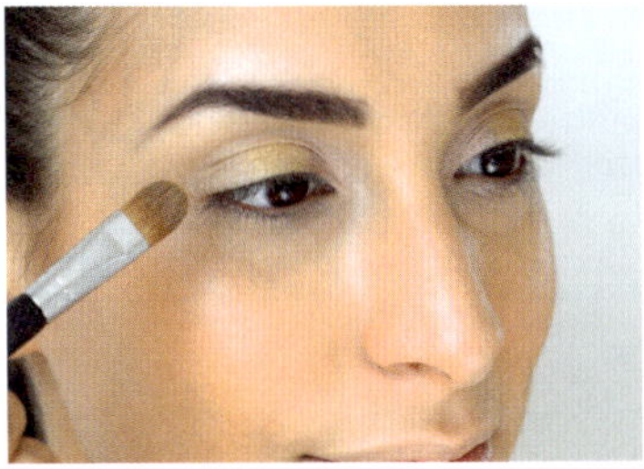

5. Im nächsten Schritt intensivierst Du Dein Augen-Make-up mit einem dunkleren Lidschatten und betonst Deine Augen so optimal. Ich habe mich für ein kräftiges Dunkelbraun entschieden. Trage den Lidschatten in Deiner Lidfalte auf und ziehe ihn nach außen bis zum äußeren Augenwinkel. Hier lässt Du ihn nach oben hin spitz auslaufen, sodass ein schönes Katzenauge entsteht. Anschließend trägst Du den Lidschatten auch entlang des unteren Wimpernkranzes auf und verbindest ihn schließlich mit der Farbe auf dem oberen Lid. Wichtig ist hierbei, den Lidschatten immer gut zu verblenden. Nur so entstehen keine harten Kanten, die den Look schnell künstlich wirken lassen.

6. Setze nun als Highlight einen schimmernden Akzent am inneren Augenwinkel, der Deine Augen noch mehr betont und sie wunderschön strahlen lässt. Je nach Hautton kannst Du hier zu einer wärmeren oder kälteren Lidschattenfarbe greifen – ich habe mich für ein kaltes Silber entschieden.

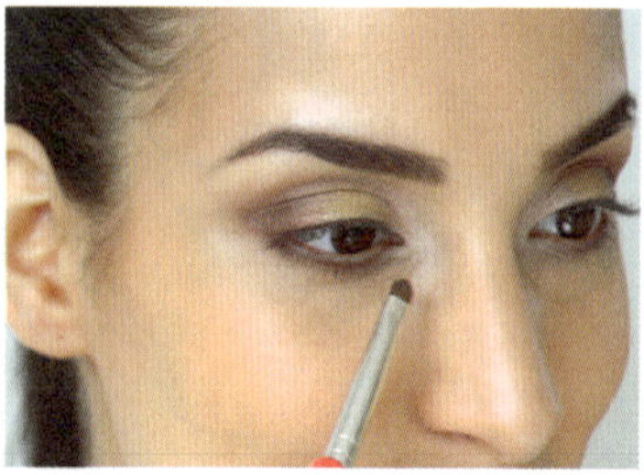

7. Ein Lidstrich sorgt für eine wunderschöne Augenform und ist einfach ein Hingucker. Wie Du den perfekten Lidstrich ziehst, kannst Du auf Seite 110 lesen.

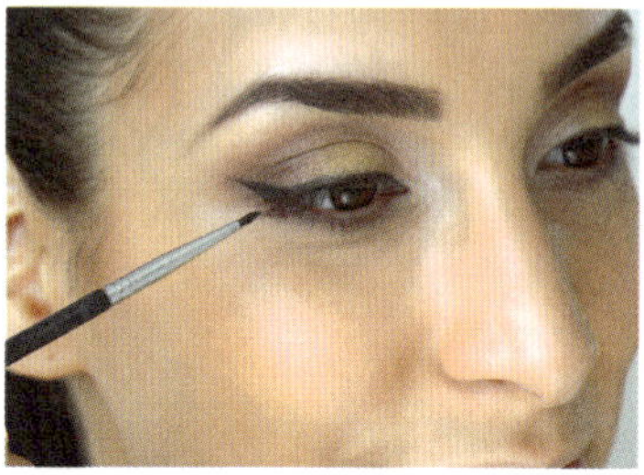

8. Bringe als Nächstes Deine Wimpern mit einer Wimpernzange in Form und tusche sie anschließend. Um einen besonders dramatischen Effekt zu erzielen, kannst Du Dir zusätzlich noch falsche Wimpern aufkleben. Dadurch gewinnen Deine Wimpern an Volumen und Dein Augenaufschlag wird garantiert unwiderstehlich!

9. Um Deine Gesichtsform optimal in Szene zu setzen, kannst Du nun Dein Gesicht konturieren. Das bedeutet, dass Du mit einem dunkleren Concealer Schattierungen erzeugst und mit einem Highlighter Gesichtspartien hervorhebst. Den dunklen Concealer solltest Du unter Deinen Wangenknochen und unter Deinem Kinn auftragen, also an den Stellen, die auch von Natur aus dunkler sind. Die Highlights setzt Du auf den Nasenrücken, die Wangenknochen und unter Deine Augen, sodass Dein Gesicht richtig schön strahlt. Trage anschließend als letzten Schliff mit einem voluminösen Pinsel noch Rouge auf Deine Wangen auf.

10. Den Abschluss machen wie immer die Lippen. Trage einen Lippenstift Deiner Wahl auf, aber pass auf, dass die Farbe nicht zu dunkel ist. Du kannst sonst sehr leicht überschminkt wirken und die Farbe Deiner Lippen kann von Deinen Augen ablenken. Ich habe mich für einen dezenten Lippenstift in einem matten Rosa entschieden – die perfekte Abrundung meines Night Out Looks.

Mit diesem Make-up wird jeder Abend zu einem unvergesslichen Erlebnis. Ich fühle mich einfach nur pudelwohl in meiner Haut – und hoffe, dass Du Dich genauso hinreißend fühlst wie ich.

JETZT WIRD'S HAARIG!

SO PFLEGST DU DEIN HAAR RICHTIG

Dounia:

7 TIPPS *für* GESCHMEIDIGES *und* GLÄNZENDES HAAR

Genauso wie bei der Haut gibt es auch bei den Haaren unterschiedliche Typen. Grundsätzlich gilt die Regel: Je glatter die Struktur Deiner Haare ist, desto mehr glänzen sie. Trockenes Haar zeichnet sich durch eine eher spröde Haarstruktur aus, wodurch die Haare weniger Licht reflektieren und stumpfer wirken. Deine Haarstruktur ist genau wie Dein Hauttyp genetisch bedingt. Ich zum Beispiel habe lockiges, eher trockenes Haar, das von Natur aus weniger glänzt. Für jeden Haartyp gibt es unterschiedliche Pflegeprodukte – hier ist genau wie bei der Hautpflege Ausprobieren gefragt! Neben der genetischen Veranlagung beeinflussen aber auch äußere

Faktoren die Gesundheit Deiner Haare und Deine Haarstruktur. Deshalb gibt es ein paar grundlegende Regeln, die jeder bei der Haarpflege beachten sollte und die auch Dir zu gesundem und glänzendem Haar verhelfen:

1. Haare nicht mit dem Handtuch trocken rubbeln! Viele Menschen rubbeln nach dem Haarewaschen ihre Haare mit einem Handtuch trocken. Das ist effektiv und geht schnell, allerdings wird durch diese Prozedur die Haarstruktur aufgeraut und die Haare sehen spröder aus und haben weniger Glanz. Besser ist es, Deine Haare sanft gegen das Handtuch zu pressen und sie so zu trocknen. Das dauert zwar länger, ist auf Dauer aber besser für Dein Haar!

2. Vorsichtig und niemals zu grob kämmen! Nach dem Trocknen mit dem Handtuch kämme ich meine Haare behutsam Strähne für Strähne. Dabei fange ich mit den Spitzen an und arbeite mich langsam nach oben durch. Du solltest Deine Haare niemals bürsten oder mit Gewalt durchkämmen, da Du Dir so Haare ausreißt und Deine Haarstruktur schädigst. Nimm Dir Zeit und geh vorsichtig mit Deinen Haaren um! Wenn Du wie ich zu störrischem Haar neigst, verwende eine Spülung oder ein Produkt, das die Kämmbarkeit Deiner Haare unterstützt.

3. Zu viel Hitze vermeiden! Hitze strapaziert die Haare und macht sie spröde. Du solltest daher Deine Haare so oft wie möglich an der Luft trocknen lassen, anstatt sie zu föhnen. Dazu bieten sich besonders die Sommermonate an, wo die Luft schön warm ist und Du nicht Gefahr läufst, Dich zu erkälten. Für Deine Haare ist das wie Urlaub – sie können sich entspannen und an der frischen Luft regenerieren.

4. Hitzeschutz verwenden! Natürlich kannst Du Deine Haare nicht immer an der Luft trocknen lassen. Deshalb gilt: Bevor Du Dir die Haare föhnst, solltest Du einen Hitzeschutz auftragen – ein

Produkt, das sich wie eine schützende Hülle um Deine Haare legt und die Schäden durch die Hitzeeinwirkung minimiert. Einen Hitzeschutz kannst Du in jeder Drogerie kaufen, es gibt ihn von verschiedenen Marken. Besonders wichtig ist die Verwendung eines Hitzeschutzes, wenn Du Dein Haar mit einem Glätteisen oder Lockenstab stylst, denn die hohen Temperaturen sind extrem schädigend für Dein Haar.

5. Haare vom Haaransatz in Richtung der Spitzen föhnen! Vielleicht erinnerst Du Dich an Deinen letzten Besuch im Friseursalon: Ausgebildete Friseure halten den Föhn immer so, dass der Luftstrahl die Haare von oben trifft und sie in Richtung der Spitzen trocken geföhnt werden. Die Haarstruktur wird so geglättet und die Haare zeigen mehr Glanz; besonders effektiv ist das in Kombination mit einer Rundbürste. Wenn ich einen voluminösen Look erreichen möchte, missachte ich diese Regel auch mal und föhne meine Haare stattdessen kopfüber. Die Haare sehen dann zwar stumpfer aus, aber dafür habe ich eine richtige Löwenmähne. Manchmal muss man einfach Prioritäten setzen!

6. Regelmäßig die Spitzen schneiden! Deine Haarspitzen sind die ältesten Haare auf Deinem Kopf und haben schon einiges hinter sich: Friseurbesuche, Tönungen, Hitze, schlechte Stylingprodukte, falsches Kämmen und Bürsten. Regelmäßiges Spitzenschneiden ist daher wichtig für Dein Haar, damit es jung und gesund bleibt und viel Sprungkraft hat. Außerdem ist das Schneiden der Haarspitzen die einzige Möglichkeit, Dein Haar von Spliss zu befreien – denn wer einmal Haarspliss hat, der wird ihn auch durch Kuren oder andere Pflegeprodukte nicht mehr los. Wird das splissige Haar nicht abgeschnitten, besteht die Gefahr, dass die betroffenen Haare beim Kämmen abbrechen und der Spliss einfach weiter nach oben wandert. Du siehst: Das Spitzenschneiden ist in diesem Fall wirklich unerlässlich!

7. Haarpflegeprodukte nicht auf den Haaransatz auftragen!

Haarkuren, Spülungen und Stylingprodukte solltest Du nicht direkt auf Deine Kopfhaut auftragen, sondern erst einige Zentimeter vom Haaransatz entfernt einarbeiten. Die Haare in der Nähe der Haarwurzel sind jünger und gesünder und benötigen die zusätzliche Pflege nicht. Besonders wenn Du zu fettigem Haar neigst, solltest Du keine Pflegeprodukte direkt auf den Ansatz geben, da Deine Kopfhaut sonst gereizt werden könnte und dadurch noch mehr Fett produziert.

Lamiya: Die richtige Haarpflege ist mir wichtig. So glänzt mein Haar und sieht durch und durch gesund aus.

NIE WIEDER SPRÖDES HAAR: *Zwei tolle Haarmasken zum Selbermachen*

Sami:

DIE AVOCADO-HAARMASKE

Die Avocado ist ein richtiges Allround-Talent: Sie besitzt jede Menge Inhaltsstoffe, die gut für Deine Haut und Deine Haare sind. Ihr hoher Gehalt an Öl versorgt Dein Haar optimal mit Feuchtigkeit, die enthaltenen Vitamine und Mineralstoffe sorgen außerdem für einen umwerfenden Glanz. Diese einfache Haarmaske zum Selbermachen baut Dein Haar von innen auf und hilft ihm sofort wieder auf die Sprünge, wenn es einmal stumpf und glanzlos ist.

Du brauchst:

½ Avocado
1 Eigelb
1 TL Olivenöl

Und so geht's:

Schneide eine Avocado in zwei Hälften. Entnimmt das Fruchtfleisch aus einer der Hälften und gib es in eine Schale. Hier kannst Du es mit einer Gabel zerdrücken, bis eine cremige Masse entsteht. Schlage nun ein Ei in der Mitte auf und trenne das Eiweiß vom Eigelb. Keine Sorge, wenn das nicht sofort klappt – Übung macht hier den Meister! Gib das Eigelb zu der zerdrückten Avocado hinzu. Eigelb enthält viel Biotin und sorgt so noch einmal für einen Extraglanz in Deinen Haaren. Füge zum Schluss noch einen Teelöffel Olivenöl hinzu und verrühre alle Zutaten gut. Jetzt kannst Du die

Maske mit Deinen Händen in Deine Haare einarbeiten. Wenn Du längere Haare hast, unterteilst Du Dein Haar dazu am besten in mehrere Partien, damit beim Auftragen auch keine Stelle ausgelassen wird. Nachdem Du die gesamte Maske auf Deine Haare aufgetragen hast, lass sie für 15 Minuten einwirken. Dann kannst Du sie ganz einfach auswaschen. Dein Haar ist nun bis in die Haarspitzen mit Feuchtigkeit versorgt und zeigt einen gesunden Glanz.

Lamiya:

DIE ULTIMATIVE FEUCHTIGKEITS-HAARMASKE

Trockenes und strapaziertes Haar muss mit viel Feuchtigkeit versorgt werden, damit es wieder schön glänzt und gesund aussieht. Mit einfachen Hausmitteln lassen sich dabei genau die gleichen Effekte erzielen wie mit teuren Pflegekuren aus der Drogerie. Besonders im Winter leidet mein Haar unter der trockenen Heizungsluft. Es ist dann stumpf und kraftlos und sieht einfach nicht mehr so gesund aus. Ich habe von Natur aus lockiges Haar und Locken neigen besonders dazu, spröde auszusehen. Da muss man einfach nachhelfen. Als Erste-Hilfe-Maßnahme hat sich für mich diese Haarmaske bewährt, die aus drei einfachen Zutaten besteht: Olivenöl versorgt die Haare mit Feuchtigkeit, grüner Tee erneuert die Struktur der Haare und Rosenwasser versorgt es mit vielen Vitaminen und sorgt für einen angenehmen Duft. Wenn auch Du trockenes Haar hast, probier es aus! Du wirst über das Ergebnis erstaunt sein.

Du brauchst:

50 ml Olivenöl
100 ml grüner Tee
5 EL Rosenwasser

Und so geht's:

Brühe eine Tasse grünen Tee auf und lass sie abkühlen. Fülle dann 100 ml des grünen Tees zusammen mit 50 ml Olivenöl und 5 Esslöffeln Rosenwasser in eine kleine Flasche. Am besten benutzt Du ein Applikatorfläschchen extra für die Haare, da diese Dir später das Auftragen der Haarmaske erleichtern wird – mit einer normalen kleinen Plastikflasche geht es aber auch. Verschließe anschließend die Flasche gut und schüttle sie so lange, bis sich alle Zutaten vermischt haben. Die Flüssigkeit sollte nun eine gelb-grüne Farbe aufweisen und milchig schimmern. Lege Dir als Nächstes ein Handtuch über die Schultern, damit die Haarmaske nicht auf Deine Klamotten tropft. Nun kannst Du die Haarmaske in Dein Haar einarbeiten. Am besten unterteilst Du es hierzu in mehrere Partien, damit alle Haare gleichmäßig mit Feuchtigkeit versorgt werden. Nachdem Du die ganze Flasche auf Deine Haare aufgetragen hast, lass die Mixtur 15 Minuten lang einwirken. Du kannst Deine Haare während dieser Zeit auch in ein Handtuch einschlagen. Wasch zum Schluss die Haarmaske aus und freu Dich über Dein geschmeidiges und glänzendes Haar!

TIPP: Schwarzer Tee für dunkle Haare!

Wenn Du braunes oder schwarzes Haar hast, kannst Du statt grünem Tee auch schwarzen Tee für Dein Haar verwenden. Der schwarze Tee zaubert warme Reflexe in Dein Haar und intensiviert so die Farbwirkung. Ergebnis: Deine Haare strahlen unwiderstehlich schön!

FASHION VON A *bis* Z

Mode macht SPASS – *finde Deinen* STYLE!

Mode ist ein fester Bestandteil unseres Lebens und wir lieben es, Outfits zusammenzustellen und an unserem Stil zu feilen. Wer sich für Mode interessiert und viel Zeit in die Wahl seiner Kleidung investiert, wird leider gern mal als eitel oder oberflächlich abgestempelt – dabei geht es dabei um so viel mehr! Mode kann Dir unzählige Möglichkeiten eröffnen und Dein Leben enorm bereichern.

Schon im zarten Alter von vier und zwei lag unser Styling uns am Herzen, wie diese umwerfenden Outfits beweisen.

Was Du trägst, bestimmt Deine Erscheinung und Dein Auftreten wesentlich. Dein Äußeres ist das Erste, was andere Menschen an Dir wahrnehmen – also warum solltest Du die vielen Möglichkeiten, die das Fashion-Universum Dir bietet, nicht nutzen, um Dich selbst auszudrücken und der Welt zu zeigen, wer Du bist? Mode kann Dir dabei helfen, Dich selbst schön zu finden, und Dir so eine ordentliche Portion Selbstbewusstsein verpassen. Außerdem macht es unglaublichen Spaß, neue Looks auszuprobieren und seinen persönlichen Style zu finden und weiterzuentwickeln. Mode ist nichts, was einem von außen aufgezwungen wird – es ist Deine Spielwiese und die Möglichkeit, Dich im Alltag kreativ auszutoben. Um seinen eigenen Stil zu finden, gibt es keine Regeln – alles ist erlaubt. Trotzdem haben wir hier ein paar Anregungen für Dich, wie auch Du mit der Mode genauso viel Spaß hast wie wir und erfolgreich Deinen persönlichen Stil entwickelst.

Sami:

Versuche nicht, trendy zu sein, sondern zieh an, was Dir gefällt! Sich von den neusten Modemagazinen und Werbeplakaten inspirieren zu lassen, ist schön und hilfreich, aber Du solltest niemals ein Kleidungsstück kaufen, nur weil es gerade in ist. Seinen individuellen Stil entwickelt man, indem man das trägt, was einem selbst gefällt, und nicht, was gerade angesagt ist. Das heißt nicht, dass Du überhaupt keine Trends in Deine Garderobe integrieren darfst. Aber tue es wirklich nur dann, wenn Dir das entsprechende Stück auch tatsächlich gefällt!

Statte Dich mit Basics aus! Basics heißen nicht umsonst Basics – denn sie sind die Basis von jedem gelungenen Look und lassen sich mit fast allen Kleidungsstücken kombinieren. Für einen schönen Casual Style solltest Du auf jeden Fall ein weißes Shirt, eine Skinny Jeans und ein Paar Slipper in Deinem Schrank haben – darauf aufbauend kannst Du dann nach Lust und Laune Deinen ganz persönlichen Stil entwickeln!

Betone Deine Vorzüge! Mode gibt einem die Möglichkeit, die Seiten des eigenen Körpers hervorzuheben, die man besonders mag, und im Gegenzug Problemzonen zu kaschieren. Finde heraus, was Dir steht und welche Klamotten Deiner Figur schmeicheln, damit Du Dich rundherum wohl in einem Outfit fühlst. Das herauszufinden, ist ein Prozess, der einige Zeit in Anspruch nehmen kann. Es gibt einige Klamotten, die an ein paar meiner Freunde unglaublich toll aussehen, mir selbst aber überhaupt nicht stehen – das musste auch ich erst mal lernen.

Arbeite mit Accessoires! Accessoires sprechen eine eigene Sprache. Sie verleihen Deinem Outfit den letzten Schliff und lassen es eleganter oder legerer wirken. Bei der Arbeit mit Accessoires ist es aber wichtig, nicht zu übertreiben und die goldene Mitte zu finden. Egal, ob ein Gürtel, ein Hut, schicke Schuhe oder eine Halskette – Accessoires können ein Outfit aufwerten, es aber auch schnell over the top wirken lassen. Besonders was Schmuck betrifft, gilt deshalb meist: Weniger ist mehr.

Dokumentiere Deine Stilentwicklung! Es ist extrem hilfreich, Fotos von Deinen zusammengestellten Outfits zu machen und sie abzuspeichern. So kannst Du nicht nur Deine Stilentwicklung nachverfolgen, sondern hast auch gleich einen ganzen Katalog an Outfitideen, auf den Du jederzeit zugreifen kannst. Oft hat man beim Anschauen der Fotos auch neue Outfit- und Kombinationsideen, auf die man sonst nie gekommen wäre.

Dounia:

Pfeif drauf, was die anderen denken! In Deutschland wird man auf der Straße oft schräg angeschaut, wenn man sich ausgefallen kleidet. In Modemetropolen wie New York oder London hingegen kann man alles tragen – und das ist unglaublich erfrischend. Wenn Du Deinen eigenen Stil finden willst, ist die erste Regel, Dir nichts daraus zu machen, was andere Leute über Dich denken oder sagen. Natürlich herrscht in manchen Berufsbranchen eine bestimmte Kleiderordnung, aber in Deiner Freizeit kannst Du tragen, was Du willst. Die Hauptsache ist, dass Du Dich wohlfühlst in Deinen Klamotten und sie Deine Persönlichkeit unterstreichen – der Rest ist egal.

Gib Deinem Stil Zeit! Stil entsteht nicht von heute auf morgen. Er hat viel mit Erfahrung zu tun und entwickelt sich mit den Jahren. Sei Dir immer bewusst, dass Dein Stil sich kontinuierlich verändert, so wie auch Du niemals stillstehst im Leben. Es ist deshalb nicht schlimm, wenn Du Deinem Stil nicht treu bleibst, sondern Dich modetechnisch immer mal wieder in eine andere Richtung entwickelst. Natürlich begeht man so hin und wieder auch einen Fashion-Fauxpas – aber das ist normal. Fauxpas gehören zu Deiner persönlichen Stilentwicklung dazu und sollten Dir niemals peinlich sein!

Trau Dich, etwas Neues auszuprobieren! Mode bietet unendlich viele Möglichkeiten, sich selbst in Szene zu setzen. Da wäre es schade, wenn man immer nur dasselbe trägt. Trau Dich deshalb, immer mal wieder etwas Neues auszuprobieren. Ich habe in der Vergangenheit viel mit verschiedenen Mustern und Farbkombis experimentiert und unterschiedliche Stile gemischt, um etwas Neues zu kreieren. Das hat extrem viel Spaß gemacht und mir dabei geholfen, herauszufinden, was mir wirklich steht und gefällt.

Achte auf Qualität! Früher wollte ich viele Kleidungsstücke haben, am besten in allen Farben des Regenbogens und natürlich billig! Je stilsicherer ich wurde, desto wichtiger wurden mir Langlebigkeit und Qualität bei der Wahl meiner Kleidung. Ich will nicht mehr Tausende Handtaschen, die allesamt schlecht verarbeitet und nach ein paar Monaten reif für die Mülltonne sind, sondern eine hochwertige Handtasche, die ich über mehrere Jahre hinweg tragen kann. Wenn Du herausgefunden hast, auf welche Kleidungsstücke Du nicht verzichten kannst, dann erlaub Dir, auch mal etwas Geld zu investieren, wenn dafür die Qualität stimmt. Immerhin wird das betreffende Teil Dich mehrere Jahre Deines Lebens begleiten!

Lamiya:

Kleide Dich Deiner Stimmung entsprechend! Mir ist es wichtig, das zu tragen, worauf ich gerade Lust habe. Mal bin ich sportlich unterwegs, ein anderes Mal gehe ich aufs Ganze und trage glamouröse oder sexy Kleidung. Ich bin da sehr flexibel und lasse mich von meiner Stimmung leiten. Die Hauptsache ist, dass ich mich in meinen Klamotten wohlfühle. Denn wenn ich mich nicht gut fühle in dem, was ich trage, dann strahle ich das auch aus. Man kann ein Outfit nicht mit Selbstbewusstsein tragen, wenn man gerade gar keine Lust auf diesen Style hat. Deshalb frage Dich jeden Tag aufs Neue, wonach Dir gerade der Sinn steht, und zwinge Dich niemals in ein Outfit, wenn Dir überhaupt nicht danach ist!

Trage Deine Kleidung mit Selbstbewusstsein! Ein toller Stil zeichnet sich nicht nur durch schöne Kleidungsstücke und gelungene Farbkombinationen aus. Wichtig ist auch, wie das Outfit präsentiert wird und wer es trägt – und das bist Du! Du musst hinter Deinem Stil stehen und Deine Klamotten wie eine zweite Haut tragen, nur dann holst Du alles aus Deinem Styling heraus. Sei selbstbewusst und Du wirst strahlen – egal, was Du trägst!

Halt Dich an die Drei-Farben-Regel! Wenn Du Dir unsicher bist, was die Farbkombination innerhalb eines Outfits betrifft, halte Dich an die Regel: Weniger ist mehr. Kombiniere höchstens drei Farben miteinander, damit das Outfit nicht zu schrill und überladen wirkt, und greife diese Farben mit Deiner Handtasche, Deinen Schuhen und Deinen Accessoires wieder auf. So bist Du garantiert auf der sicheren Seite, was die Farbwahl betrifft!

Fühl Dich wohl mit Deiner Figur! Ich bin eine kurvige Frau und sehr froh darüber. Denn auch wenn uns die Laufstege dieser Welt etwas anderes weismachen wollen – man muss nicht gertenschlank sein, um einen einzigartigen Stil zu haben und einfach hinreißend auszusehen. Frauen mit Rundungen sind genauso schön wie schlanke Frauen, große Frauen genauso umwerfend wie kleine. Deshalb gilt für mich: Egal, welche Figur Du hast, fühl Dich wohl in Deinem Körper! Mode bietet so viele Möglichkeiten, Dich und Deine Figur in Szene zu setzen – also nutze sie und versteck Dich nicht. Liebe Deinen Körper und zeig der Welt Deine Schönheit!

6 *Teile, unzählige Kombinationen – die* MUST-HAVES *in unserem Kleiderschrank*

Lamiya:

High-Waisted Jeans: High-Waisted Jeans sind hoch geschnittene Jeans, deren Bund bis zur Taille reicht. Dieses Jeansmodell ist etwas ausgefallener, aber schmeichelt dennoch so gut wie jeder Figur und zaubert einen tollen Po. Im Sommer kombiniere ich High-Waisted Jeans am liebsten mit Crop-Tops, also kurz geschnittenen Oberteilen, und im Winter mag ich sie besonders, weil sie die Gegend um meine Hüften so schön warm halten.

Statement-Kette: Von Statement-Ketten kann man nicht genug haben! Sie sind im Sommer wie im Winter tragbar und werten jeden Look auf – egal, ob man sie mit Tops, T-Shirts oder Pullovern kombiniert. Besonders bei schlichten Kleidungsstücken wie einem einfachen schwarzen Kleid greife ich immer zu einer Statement-Kette. Sie kann groß oder klein sein, gold, silber oder bunt, aber eins ist sicher: Eine Statement-Kette ist ein Hingucker, der jedem Outfit den letzten Schliff verleiht.

Blazer: Ein Blazer ist ein Must-have in jedem Kleiderschrank. Er eignet sich nicht nur fürs Büro – auch im Alltag lässt er sich toll mit einfachen T-Shirts oder Blusen kombinieren. Am liebsten mag ich taillierte Blazer, die eine feminine Figur zaubern. Wenn es wärmer ist, lässt ein Blazer sich auch super anstatt einer Jacke tragen und rundet so stilvoll jeden Look ab.

Kleines Schwarzes: Das »kleine Schwarze« ist nichts anderes als ein schickes schwarzes Kleid mit einem figurbetonten Schnitt. Es ist perfekt für alle Anlässe, für die man sich etwas herausputzen möchte, und lässt sich problemlos mit allen Schuhen und Accessoires kombinieren. Der Ausschnitt kann mit Spitze verziert oder ganz schlicht sein. Auch möglich: Ein hoch geschlossenes kleines Schwarzes, das wirkt edel und lenkt den Fokus noch mal extra auf die Beine.

WARZES

Taillengürtel: Taillengürtel sind genau wie Statement-Ketten ein toller Akzent und peppen jedes Outfit auf. Außerdem betonen sie die Figur und zaubern eine wunderschöne Sanduhr-Silhouette. Mit Taillengürteln kann man weit geschnittene Kleidungsstücke femininer stylen und simplen Kleidern das besondere Etwas verleihen. Ich trage dieses Accessoire sehr oft und unglaublich gern!

Boots: Boots passen einfach zu jedem Stil und sind deshalb ein absolutes Must-have in jedem Schuhschrank! Man kann sie zu eleganter Kleidung tragen, wenn High Heels einem too much vorkommen, oder sie mit einer Jeans im Used-Look und einer Lederjacke kombinieren, wodurch ein Edgy Look entsteht. Im Winter schützen Boots außerdem vor Wind und Wetter und halten die Füße schön warm.

Sami:

Weißes T-Shirt mit V-Ausschnitt: Ein weißes T-Shirt mit einem Kragen in V-Form ist ein absolutes Must-have in jedem Kleiderschrank, denn es lässt sich mit allem kombinieren und stellt die Basis für viele tolle Outfitideen dar. Man kann es zu Jeans oder Stoffhosen tragen, unter einem Blazer, Pulli oder einfach nur so. Die Möglichkeiten sind grenzenlos!

Blazer: Ein Blazer darf in keiner Garderobe fehlen. Mit ihm lässt sich jedes Outfit mit nur einem Handgriff aufwerten – egal, ob man ihn zu einem einfachen T-Shirt oder einem Pullover trägt. Ein Blazer kann Deinem Look einen edlen Touch verleihen, Du kannst ihn aber genauso gut lässiger stylen, indem Du die Ärmel hochkrempelst und ihn mit einer Jeans kombinierst. In den Übergangszeiten lässt sich ein Blazer auch sehr gut als Ersatz für eine leichte Jacke tragen.

Pilotenbrille: Egal, welche Jahreszeit es ist, eine Sonnenbrille im Aviator-Style stellt für mich das ideale Accessoire zu jedem Outfit dar. Ein besonderer Hingucker sind Pilotenbrillen mit verspiegelten Gläsern, die es in verschiedenen Farben gibt. Die Sonnenbrille gibt jedem Look das gewisse Etwas und schmeichelt allen Gesichtsformen. Eine durch und durch lohnenswerte Investition!

Schwarze Schuhe: Die Schuhe sind der letzte Schliff eines jeden Outfits und sollten mit Sorgfalt gewählt werden. Kaum etwas falsch machen kann man mit schwarzen Schuhen, denn Schwarz ist klassisch und lässt sich problemlos mit allen Farben kombinieren. Dabei hat man die Wahl zwischen verschiedenen Stilen: Von klassischen Lackschuhen bis zu nietenbesetzten Slippern ist alles erlaubt.

Hut: Hüte sind in unserer heutigen Zeit deutlich unterrepräsentiert. Dabei wäre ein Leben ohne Hüte für mich kaum vorstellbar! Ein Hut

ist für viele ein gewagtes Accessoire, aber wenn man sich erst mal daran gewöhnt hat, ist er ein wunderschöner Kopfschmuck. Hüte gibt es in vielen Varianten, sodass für jeden Look und für jede Kopfform etwas dabei ist. Außerdem eignen sich Hüte perfekt für Bad-Hair-Days – was will man mehr?

Bow-tie: Eine Bow-tie – oder zu Deutsch auch einfach: Fliege – ist ein Klassiker unter den Accessoires und eine schöne Abwechslung zur typischen Krawatte. Bow-ties sehen weniger nach Büro aus als Krawatten und lassen sich daher perfekt in einen lässigen Alltagslook integrieren. Es gibt sie in allen Farben und Mustern und aus den verschiedensten Stoffen. So sind der Kreativität beim Styling keine Grenzen gesetzt!

Dounia:

Weißes T-Shirt: Ein einfaches weißes T-Shirt aus einem blickdichten Stoff ist für jede Garderobe ein Muss! Man kann es zu Jeans wie zu Röcken tragen und es passt sich einfach jedem Stil an – egal, ob edel, sportlich oder rockig. Aufpeppen lässt es sich durch eine schöne Jacke mit Verzierungen oder eine Statement-Kette. Voilà! Fertig ist das perfekte Outfit für jede Gelegenheit.

Jeans im Used-Look: Eine Jeans im Used-Look zeichnet sich durch eine helle Waschung, abgeriebene Stellen und eventuell sogar Löcher aus. Ich liebe solche Jeans, denn sie sind einfach superbequem und ein wahres Multitalent. Obwohl sie auf den ersten Blick sehr casual aussehen, können sie zusammen mit High Heels und einem Blazer auch zu einem eleganteren Outfit gestylt werden.

Weiße Turnschuhe: Weiße Sportschuhe sind ein absolutes Musthave-Basic für jeden Schuhschrank. Sie sind nicht nur sehr bequem, sondern auch sportlich-chic und lassen sich mit allen Farben kombinieren. Weiße Sneakers, eine Jeans und ein peppiges T-Shirt oder eine Bluse – das ist für mich der perfekte Alltagslook.

Lederjacke: Die Investition in eine schöne und hochwertige Lederjacke lohnt sich – denn Lederjacken sind einfach zeitlos. Sie waren schon in den Achtzigern cool und werden in zehn Jahren noch

genauso tragbar sein wie heute. Ich mag meine Lederjacken am liebsten im Bikerlook: Zusammen mit Jeans und Sportschuhen ergeben sie ein tolles Outfit für den Tag, aber auch mit High Heels und einem weißen Top lassen sie sich gut kombinieren und zu einem eleganten und zugleich rockigen Abendlook stylen.

Schwarze High Heels: Jede Frau braucht ein Paar schwarze High Heels in ihrem Schrank! Schwarze High Heels eignen sich perfekt für den Abend und besondere Anlässe, für die man sich ein wenig herausputzen und mit einem tollen Outfit aufwarten will. Sie lassen sich mit fast allen Kleidungsstücken kombinieren: Egal, ob weite oder enge Hosen, Röcke, Shorts oder glamouröse Kleider – schwarze High Heels verleihen dem Outfit den letzten Schliff. Ein weiterer Pluspunkt: Die High Heels sorgen für eine gerade Körperhaltung und zaubern verführerisch lange Beine.

Khakifarbene Jacke: Einfache Outfits lassen sich super durch raffinierte Jacken aufpeppen. Besonders toll finde ich Jacken in der Farbe Khaki. Das kann ein gefütterter Parka für den Winter, eine kastenförmige Jacke im Military-Style oder eine feminine Jacke aus weichem Stoff für den Sommer sein. Mit einer Jacke in Khaki kann man seinem Outfit einen tollen Farbakzent verleihen, der dabei trotzdem nicht zu knallig wirkt. Die Farbe Khaki passt zu wirklich jedem Stil und schmeichelt garantiert jeder Frau.

Von CASUAL *bis* CHIC — *tolle* OUTFITIDEEN *für jeden Anlass*

Lamiya:

CASUAL LOOK: CHIC IM BIKER-STIL

Dieses Outfit ist die perfekte Kombination aus chic und rockig – und dabei super alltagstauglich und bequem! Zu einer schwarzen Jeans im Used-Look trage ich flache Boots im Biker-Stil und ein weißes Basic-Oberteil. Um den Look kantiger und ein wenig edgy zu machen, habe ich mich zusätzlich für eine schwarze Lederjacke entschieden. Den Feinschliff erhält das Outfit durch die markante Statement-Kette: Sie sorgt für die nötige Eleganz und macht den Look durch die Stilkombi zu einem richtigen Hingucker. Die Mischung macht's!

NIGHT OUT LOOK: CHIC UND GLEICHZEITIG LÄSSIG

Eins meiner absoluten Lieblingsoutfits für einen Abend mit meinen Mädels, wenn wir etwas trinken gehen und eine schöne Zeit haben, die wir auf Bildern festhalten wollen. Der High-Waist-Faltenrock und die schwarzen Heels zaubern lange Beine und der Taillengürtel im Nieten-Look ist ein toller Akzent. Aufgelockert wird der glamouröse Look durch das Jeanshemd, das dem Ganzen die nötige Portion Lässigkeit verpasst und dafür sorgt, dass ich mich nicht overdressed fühle. Die schwarze Tasche greift mit ihren silbernen Details die Farben des Taillengürtels wieder auf und rundet den Look so perfekt ab.

Sami:

CASUAL LOOK: KLASSISCH UND BEQUEM

Dieses Outfit ist superbequem und eignet sich perfekt für alle Alltagsaktivitäten. Zu einer ausgewaschenen Skinny-Jeans mit Details im Used-Look trage ich ein weißes Basic-Shirt mit V-Ausschnitt. Beim Schuhwerk habe ich mich für sportliche Schnürer in einem angenehmen Beige-Ton entschieden. Dazu noch ein locker sitzender Wollcardigan, der die Farbe der Schuhe wieder aufgreift – fertig ist der perfekte Look zum Wohlfühlen!

NIGHT OUT LOOK: LÄSSIG IM ROCKER-STYLE

Wenn ich abends etwas unternehme, möchte ich lässig, aber trotzdem stilvoll gekleidet sein. Dieser Look vereint beides perfekt: Zu einer schwarzen Jeans und schwarzen Biker-Boots trage ich ein graues T-Shirt mit V-Ausschnitt, das durch seine helle Farbe für einen tollen Kontrast sorgt. Darüber kommen noch ein geöffnet getragener schwarzer Zip-Hoodie und eine coole Lederjacke, natürlich ebenfalls schwarz. Ein tolles Detail, das für den letzten Feinschliff sorgt, ist die silberne Kette mit einem Anhänger in Dreiecksform. Ein Outfit zum Verlieben!

Dounia:

CASUAL LOOK: KLASSISCH MIT EDLEN AKZENTEN

Ich mag geradlinige Outfits in hellen Farben. Für den Alltag muss es eine hellblaue Jeans mit schönen Details im Used-Look sein. Dazu trage ich ein simples Basic-Top in Weiß und silberne Mokassins mit Schnürung, die dem Outfit einen edlen Touch verleihen. Aufgewertet wird der Look zusätzlich durch die schicke Jacke im Blazer-Stil mit ihrem ausgefallenen Muster in Weiß, Gelb und Schwarz. Das Outfit ist bequem und doch elegant – genau nach meinem Geschmack.

NIGHT OUT LOOK: PASTELLTÖNE UND METALLIC-DETAILS

Auch wenn ich mich chic mache, um auszugehen, möchte ich, dass mein Outfit bequem ist und ich mich in meinen Klamotten wohlfühle. Mein Night Out Look besteht aus einer hellen Blue Jeans und einer nudefarbenen Kurzarmbluse, die mit ihrem weiten Schnitt angenehm die Figur umschmeichelt und sich durch ein tolles Tragegefühl auszeichnet. Ein Hingucker ist die goldene Statement-Kette. Was natürlich nicht fehlen darf: schicke Schuhe! Ich habe mich für ausgefallene Espadrilles in zwei verschiedenen Metallic-Tönen entschieden. Edel und trotzdem bequem!

DER SLIMANI-FEELGOOD-FACTOR

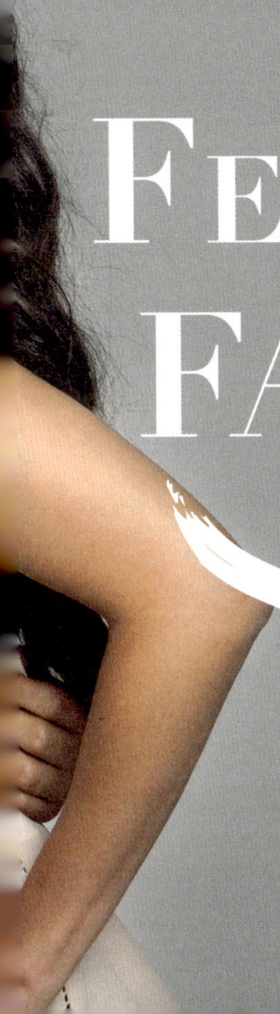

POSITIV UND AUSGEGLICHEN DURCH SPORT

BEWEG DICH – *denn es tut gut!*

Wer sich selbst und seinem Körper etwas Gutes tun will, der sollte sich regelmäßig bewegen. Sport spielt in unserem Leben eine wichtige Rolle – beim Training tun wir nicht nur etwas für unsere Figur, sondern wir schalten den Kopf ab und können uns so richtig auspowern. Der Lebensstil der Menschen in der heutigen Zeit ist geprägt durch Bequemlichkeit und langes Sitzen – egal ob im Job vor dem Computer oder zu Hause auf dem Sofa. Viele Menschen bewegen sich in ihrem Alltag nicht genug. Die Folgen: Sie fühlen sich unausgeglichen, sind wenig belastbar und leiden unter einem schlechten Körpergefühl. Wenn Du das vermeiden willst, tue Dir selbst einen Gefallen und mache regelmäßig Sport! Denn …

… beim Sport werden Glückshormone produziert: Wenn Du Dich bewegst, schüttet Dein Körper das Glückshormon Serotonin aus. Das hebt die Laune und macht Dich ausgeglichener und entspannter. Die Folge: Du kannst besser mit Stress umgehen und fühlst Dich den Herausforderungen des Alltags besser gewachsen.

... durch Sport wirst Du gesünder, fitter und belastbarer: Wenn Du Dich regelmäßig sportlich betätigst, baust Du Muskeln auf und verbesserst Deine Ausdauer. Dein Körper wird gekräftigt und Du fühlst Dich insgesamt fitter und gesünder. Deine Belastbarkeit steigt und Du kannst mehr leisten – egal, ob am Arbeitsplatz oder in Deiner Freizeit.

... Sport macht Dich schöner: Sport strafft und formt Deinen Körper. Das hat nicht nur einen positiven Effekt auf Deine Figur, sondern verändert Dein ganzes Auftreten: Du wirkst frisch und knackig, hast eine verbesserte Haltung und eine super Ausstrahlung. Und das wiederum führt dazu, dass Du Dich rundum wohl in Deiner Haut fühlst!

... Sport verschafft Dir eine Extraportion Selbstbewusstsein: Sport ist gut für Dein Körperbewusstsein: Du lernst Deinen Körper und seine Grenzen besser kennen und merkst, was Du alles erreichen kannst, wenn Du genug Einsatz zeigst. Sichtbare Fortschritte in Deiner Fitness versorgen Dich mit jeder Menge Selbstbewusstsein und bestärken Dich darin, diszipliniert für Deine Ziele zu arbeiten – nicht nur in sportlicher Hinsicht.

Dounia: RUNDUM FIT *in 20 Minuten:* *Das* **BASIS**-*Workout*

Ein tolles Basis-Workout ist für mich das folgende Zirkeltraining, da es alle wichtigen Muskelgruppen beansprucht, nicht zu lange dauert und dabei trotzdem intensiv und effektiv ist. Es lässt sich leicht zu Hause durchführen, Du musst dafür also nicht extra ins Fitnessstudio fahren. Alles, was Du dafür brauchst, sind ein Seil, eine Kugelhantel, ein Paar Kurzhanteln, ein Stuhl und natürlich geeignete Sportkleidung und -schuhe. Am besten fängst Du mit leichten Gewichten an, um Dich nicht zu überfordern. Wenn Du Dir unsicher bist, ob Du die Übungen richtig ausführst, lass Dich von einem ausgebildeten Coach beraten – denn Deine Gesundheit ist das Wichtigste.

DIE AUFWÄRMPHASE

Zum Aufwärmen empfehle ich 3 Minuten lang Seilspringen. Das fördert die Durchblutung, regt den Kreislauf an und bereitet Dich ideal auf das folgende Zirkeltraining vor. Mach nach dem Seilspringen 30 bis 45 Sekunden lang Pause und beginne dann mit dem Zirkeltraining!

DAS ZIRKELTRAINING

Das Zirkeltraining besteht aus 5 Stationen mit unterschiedlichen Übungen, zwischen denen es keine Pause gibt. Zwischen den einzelnen Übungen werden jeweils 20 Hampelmänner gemacht. Der gesamte Zirkel sollte in einem Training 2 bis 3 Mal wiederholt werden. Nachdem Du einen Zirkel beendet hast, solltest Du 45 Sekunden Pause machen und etwas Wasser trinken. Erst dann kommt der nächste Zirkel. Hier eine genaue Auflistung der einzelnen Stationen des Zirkels:

Hampelmann – 20 Mal wiederholen

Station 1: Kniebeugen mit Kurzhanteln – 13 bis 15 Mal wiederholen

Nimm die Kurzhanteln in die Hände und öffne Deine Beine schulterbreit. Deine Fußspitzen sollten nach vorn zeigen. Achte darauf, dass Dein Rücken gerade ist und Du Deine Bauchmuskeln anspannst. Beuge nun Deine Knie so weit, bis Deine Oberschenkel eine parallele Linie zum Boden bilden. Deine Knie sollten sich genau über oder hinter Deinen Zehen befinden – auf keinen Fall davor, denn das ist schlecht für die Gelenke! Dann strecke die Beine durch, bis Du wieder aufrecht stehst.

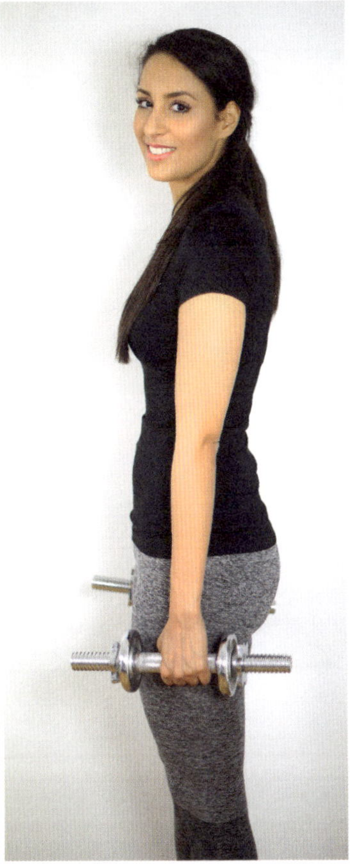

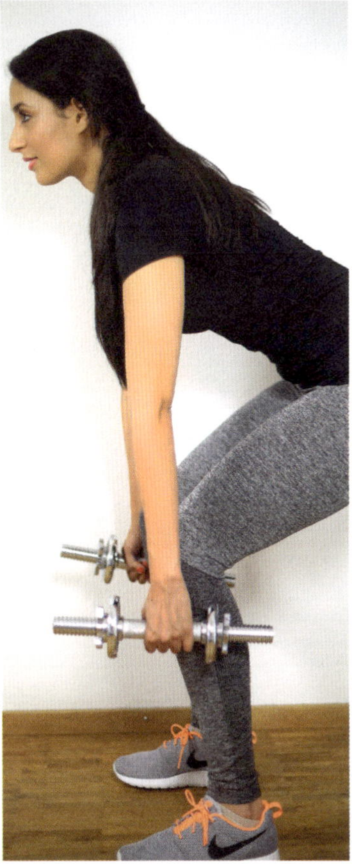

Hampelmann - 20 Mal wiederholen

Station 2: Knieliegestütze - 13 bis 15 Mal wiederholen

Geh auf alle Viere und stütze Dich mit den Knien auf dem Boden auf. Deine Unterschenkel sollten überkreuzt sein und Deine Füße in die Luft zeigen. Die Arme sollten etwas mehr als schulterbreit geöffnet sein. Nun senke Deinen Oberkörper ab und winkle dabei die Arme an. Wenn Du fast den Boden berührst, stemme Dich wieder nach oben. Achte während der Übung darauf, dass Du Deinen Bauch anspannst und dass Dein Rücken gerade bleibt. Mach kein Hohlkreuz und auch keinen langen Hals!

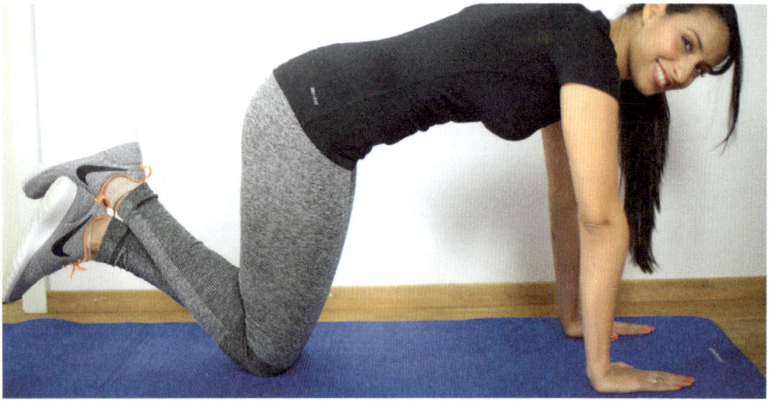

Hampelmann – 20 Mal wiederholen

Station 3: Kugelhantel-Schwingen – 13 bis 15 Mal wiederholen

Greife mit beiden Händen die Kugelhantel und öffne die Füße schulterbreit. Knie und Füße sollten in die gleiche Richtung zeigen. Bewege Deinen Oberkörper nun nach vorn und schwinge die Kugelhantel zwischen Deinen Beinen hindurch nach hinten. Bringe die Kugelhantel anschließend wieder nach vorn und auf Schulterhöhe und drücke dabei Deinen Oberkörper aus der Hüfte hoch. Führe die Übung in einem Fluss durch und achte auch hier wieder darauf, dass Dein Rücken gerade ist.

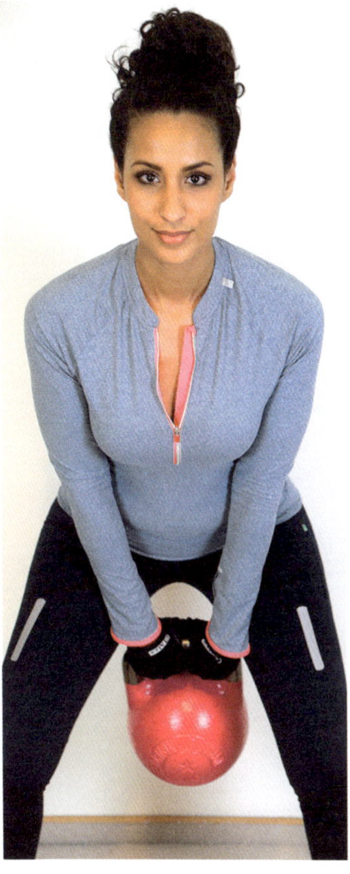

Hampelmann - 20 Mal wiederholen

Station 4: Hammercurls - 13 bis 15 Mal wiederholen

Hammercurls werden mit Kurzhanteln ausgeführt. Stell Dich dazu aufrecht hin und lass die Arme mit den Kurzhanteln seitlich an Deinem Körper hinabhängen. Strecke sie dabei aber nicht komplett durch, sondern halte sie ganz leicht gebeugt. Beuge nun beim Ausatmen die Unterarme mit den Kurzhanteln so weit wie möglich nach oben. Deine Oberarme sollten sich nicht bewegen. Atme wieder ein und senke die Arme mit den Kurzhanteln dabei langsam und vorsichtig wieder ab.

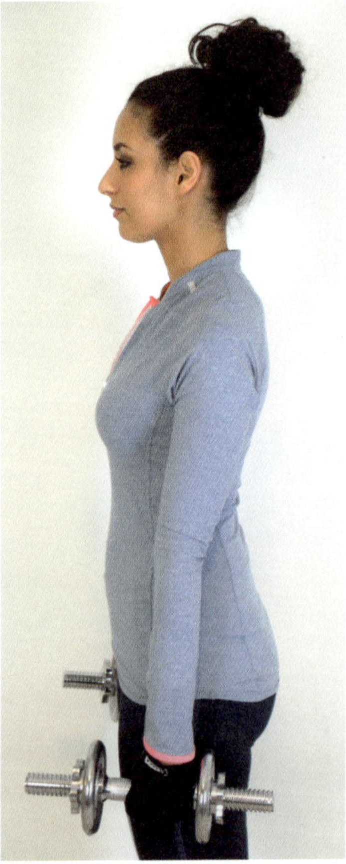

Hampelmann - 20 Mal wiederholen

Station 5: Dips am Stuhl

Hol Dir einen Stuhl und stütz Dich mit den Händen auf der Kante der Sitzfläche ab. Die Beine sind dabei lang nach vorn ausgestreckt und die Fersen in den Boden gedrückt. In der Grundposition sind Deine Arme angewinkelt. Drücke sie nun durch und hebe Deinen Körper damit nach oben an. Dann bewege Dich wieder zurück in die Ausgangsposition. Achte bei der Übung darauf, dass Du genug Körperspannung hast und Dein Körper beim Hochdrücken eine gerade Linie bildet.

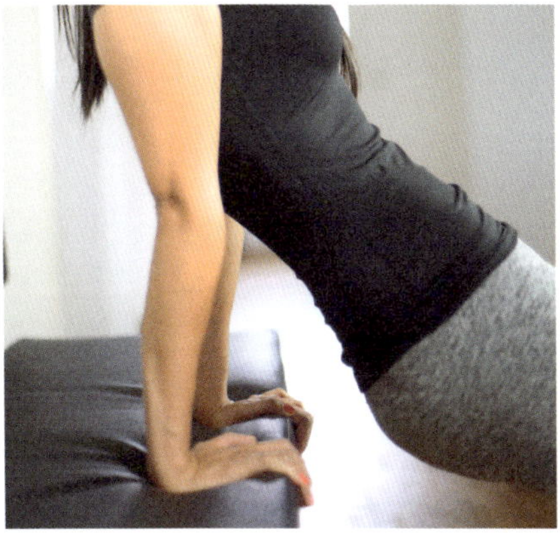

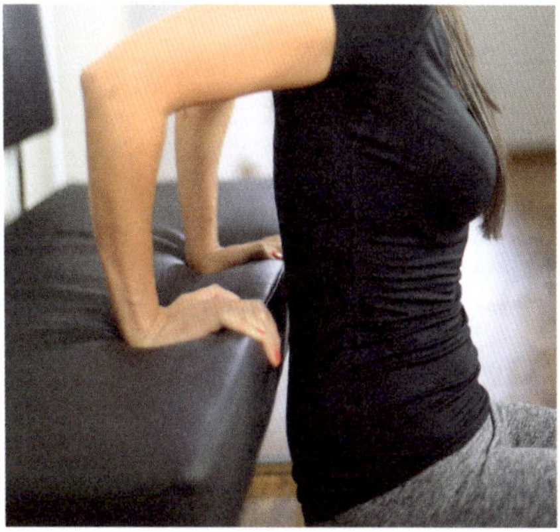

Lamiya: STRAFF *und* KNACKIG – *zwei tolle Übungen für* BAUCH, BEINE *und* PO

Beim Sport schöpfe ich nicht nur neue Energie und baue meinen Alltagsstress ab, er hilft mir auch dabei, ein gesundes Gewicht zu halten und meinen Körper zu straffen und zu definieren. Die folgenden zwei Übungen gehören zu meinen Lieblingsübungen und sind ein guter Einstieg für Anfänger. Sie beanspruchen die Beinmuskulatur und sorgen für einen knackigen Po und einen flachen Bauch. Sie sind jedoch nur ein kleiner Teil meiner Sportroutine. Wer wirklich fit werden will und sich einen rundum trainierten Körper wünscht, der muss regelmäßig Sport machen und seine eigene umfassende Sportroutine entwickeln. Die kann Joggen, Schwimmen oder andere Sportarten beinhalten – Hauptsache ist, man führt sie alle ein bis zwei Tage durch, damit sich wirklich ein Ergebnis zeigen kann.

Übrigens geht es mir beim Sport nicht darum, eine Size Zero zu erreichen, und das sollte auch nicht Dein Ziel sein. Ich liebe meine Kurven, aber genauso schön finde ich es, Muskeln zu haben, die meinen Körper definieren und ihm eine schöne Form geben. An diesen Punkt zu kommen, dauert eine Weile, auch Sport zeigt nicht von heute auf morgen Ergebnisse. Deshalb mein Tipp an Dich: Sei diszipliniert und nimm Dir die nötige Zeit für Deine Sportroutine! Das Ergebnis wird es Dir wert sein.

Übung für den Bauch: Lege Dich auf einer Matte auf den Rücken. Um zu vermeiden, dass bei der Übung ein Hohlkreuz entsteht, lege Deine Hänge mit den Handflächen nach unten als Stütze unter Deinen unteren Rücken. Bring beide Beine nach oben und winkel sie an. Nun spanne Deinen Bauch an und bewege im Wechsel

Deine Beine, sodass jeweils ein Bein in der Ausgangsposition verharrt und das andere lang ausgestreckt wird. Die Übung streckt Deinen Bauch und beansprucht Deine untere Bauchmuskulatur.

Übung für den Po: Geh auf einer Matte in den Vierfüßler. Achte auf Deine Körperspannung: Bauch, Beine und Po sollten die ganze Zeit angespannt sein. Nun strecke im Wechsel jeweils ein Bein nach oben aus. Das Bein sollte dabei immer noch leicht angewinkelt sein, durchstrecken musst Du es nicht. Die Übung geht in die Beine und den Po und zaubert eine knackige Rückseite.

ISS DICH GLÜCKLICH:

UNSERE LIEBLINGSREZEPTE ZUM NACHKOCHEN

3 GESUNDE *und* LECKERE FRÜHSTÜCKSIDEEN

Sami:
QUINOA-OBSTSALAT

Du brauchst:

125 g Quinoa
8 Erdbeeren
1–2 TL brauner Rohrzucker
250 ml Kokosmilch
5 getrocknete Datteln

Und so geht's:

Wasche das Quinoa in einem Sieb und bring es in 250 ml Kokosmilch zum Kochen. Schalte dann die Herdplatte aus und lass das Quinoa ca. 20 Minuten lang ziehen. Wasche währenddessen die Erdbeeren und schneide sie in Stücke. Zerkleinere auch die getrockneten Datteln. Gib das fertige Quinoa zusammen mit den klein geschnittenen Erdbeeren und getrockneten Datteln in eine Schale. Optional kannst Du natürlich auch andere Früchte verwenden, die gerade Saison haben oder die Du einfach lieber magst. Füge zum Schluss je nach Bedarf ein bis zwei Teelöffel braunen Rohrzucker zum Süßen hinzu und vermische alle Zutaten gut. Tada – fertig ist ein süßer Obstsalat, der Dir viel Energie und Vitamine liefert!

Quinoa: Ein proteinreiches Grundnahrungsmittel

Quinoa ist in Südamerika schon seit vielen Tausenden Jahren ein Grundnahrungsmittel. Die Pflanze ist reich an Eiweiß und Mineralien und stellt eine tolle Alternative zu Getreide wie Weizen, Hafer und Roggen dar, da es kein Gluten enthält, aber trotzdem viel Energie spendet.

Lamiya:

AVOCADO-AUFSTRICH

Ergibt 4–5 Portionen.

Du brauchst:

1 reife Avocado
5 Cocktailtomaten
1 Spritzer Zitrone
1 Frühlingszwiebel
100 g Schafskäse
Salz, Pfeffer

Und so geht's:

Schneide die Avocado in zwei Hälften. Entnimm dann mit einem Löffel das Fruchtfleisch und gib es in eine Schüssel. Hier kannst Du es ganz leicht mit einer Gabel zerdrücken, bis eine cremige Masse entsteht. Gib einen Spritzer Zitrone dazu und mische ihn unter – durch die in der Zitrone enthaltene Ascorbinsäure wird verhindert, dass das grüne Fruchtfleisch der Avocado oxidiert und sich dunkel verfärbt. Würze das Ganze mit einer Prise Salz und Pfeffer. Schneide nun den Schafskäse in Würfel und hacke die Frühlingszwiebel klein. Entkerne dann die Cocktailtomaten und schneide sie in Stücke. Vermische im Anschluss das Avocado-Mus mit dem klein geschnittenen Gemüse und verrühre alle Zutaten gut. Und schon hast Du einen leckeren und gesunden Frühstücksaufstrich, der sich prima auf einer Scheibe Brot oder einem frischen Brötchen genießen lässt. Lecker!

Dounia: GEMÜSE-EI-MUFFINS

Ergibt 2–3 Portionen.

Du brauchst:

- 4 Eier
- 1 Tomate
- 1 Frühlingszwiebel
- Pfeffer
- 1 Mozzarella
- 1 Zucchini
- ½ TL Salz
- Chilipulver

Und so geht's:

Heize den Backofen auf 220° C Ober-/Unterhitze vor. Nutze die Zeit, die der Ofen zum Aufwärmen braucht, um die Zutaten kleinzuschneiden: Rasple die Zucchini oder schneide sie in Würfel. Schneide die Tomate, die Frühlingszwiebel und den Mozzarella-Käse ebenfalls in kleine Würfel. Dann gib die Zutaten in eine Schüssel. Schlage die Eier auf und gib sie hinzu. Nun füge einen halben Teelöffel Salz hinzu und würze nach Belieben mit Pfeffer und Chilipulver. Vermische die Masse gut und fülle sie in eine Muffinform aus Silikon. Du kannst auch eine normale Muffinform benutzen, diese musst Du allerdings vorher einfetten. Schiebe die Form anschließend in den Backofen und lass die Muffins 25 Minuten lang backen. Und schwupps – fertig ist ein herzhaftes, warmes Frühstück, das Dich mit viel Energie versorgt und super auf den neuen Tag einstimmt!

FRUCHTPOWER: 3 *bunte* SMOOTHIES *für* GUTE LAUNE

Lamiya:

ROTER MANDELMILCH-SMOOTHIE MIT CHIA-SAMEN

Du brauchst:

- 300 ml Mandelmilch
- 1 Handvoll gefrorene Himbeeren
- 2 EL Honig
- 150 g Naturjoghurt
- 1 Handvoll Erdbeeren
- 2 EL Chia-Samen

Und so geht's:

Lass die Chia-Samen 10 bis 15 Minuten in Wasser einweichen. Durch die weichere Konsistenz lassen sie sich besser im Mixer zerkleinern, außerdem können die enthaltenen Nährstoffe auf diese Weise leichter vom Körper aufgenommen werden. Schneide in der Zwischenzeit die Erdbeeren klein. Gib dann die Erdbeeren und die Himbeeren zusammen mit Mandelmilch und Naturjoghurt in den Mixer. Füge die aufgeweichten Chia-Samen und 2 Esslöffel Honig zum Süßen hinzu. Vermische anschließend alle Zutaten gut und genieße Deinen leckeren Smoothie!

Chia-Samen: Superfood der Extraklasse

Die Chia-Pflanze kommt ursprünglich aus Mexiko. Die Samen der Pflanze haben es in sich: Wegen ihres hohen Anteils an Proteinen, Vitaminen, Mineralien, Antioxidantien und Omega-3-Fettsäuren gelten sie als besonders gesund und energiespendend. Chia-Samen enthalten zum Beispiel dreimal mehr Eisen als Spinat und fünfmal mehr Kalzium als normale Kuhmilch! Schon die Maya nutzten Chia-Samen als Grundnahrungsmittel und Heilmittel. Willst Du Deinem Körper einen gesunden Energiekick verpassen, dürfen Chia-Samen auf Deinem Speiseplan nicht fehlen!

Dounia:

ENERGIE-SMOOTHIE

Ergibt 2–3 Portionen.

Du brauchst:

2 reife Bananen
10 Datteln
1 Birne
0,5 l Mandelmilch
(oder Kuhmilch)
2 EL Haferflocken
1 EL Honig (oder Agavendicksaft)

Und so geht's:

Schäle die Bananen und schneide sie in Scheiben. Wasche dann die Datteln und die Birne und schneide sie ebenfalls in Scheiben. Gib das Obst zusammen mit einem halben Liter Mandelmilch oder normaler Milch, 2 Esslöffeln Haferflocken und einem Esslöffel Honig oder Agavendicksaft in den Mixer und vermische die Zutaten ca. 3 Minuten lang. Fertig ist ein leckerer Energie-Smoothie! Der Smoothie eignet sich super als kleine Mahlzeit zwischendurch, da er sehr nahrhaft ist und Dir jede Menge Power gibt.

Sami:

POWER-SMOOTHIE MIT CHIA-SAMEN

Du brauchst:

200 ml Kokosmilch
½ Mango
2 Handvoll gefrorene Erdbeeren
1 Handvoll frischer Spinat
2 EL Chia-Samen

Und so geht's:

Lass die Chia-Samen 10 bis 15 Minuten in der Kokosmilch einweichen. Schneide währenddessen die halbe Mango in Streifen und wasche die Spinatblätter. Gib dann die Kokosmilch mit den aufgeweichten Chia-Samen zusammen mit der halben Mango, dem Spinat und den Erdbeeren in den Mixer und vermische alle Zutaten ca. 30 bis 45 Sekunden lang. Je nach Geschmack kannst Du auch noch ein bis zwei Teelöffel Honig zum Süßen hinzufügen. Der Smoothie ist durch die Chia-Samen sehr nahrhaft und gesund und verleiht jede Menge Power. Lass es Dir schmecken!

3 EINFACHE *und* SCHNELL *zubereitete* SNACKS *für zwischendurch*

Dounia:

KALTE GURKENSUPPE

Du brauchst:

1 Gurke
200 ml Naturjoghurt
(oder Sojajoghurt)
½ TL Salz
1 gelbe Paprika
100 ml Wasser
Pfeffer
Chilipulver

Und so geht's:

Schneide die Gurke und die gelbe Paprika in feine Würfel und gib sie zusammen mit 200 ml Naturjoghurt oder Sojajoghurt in den Mixer. Füge einen halben Teelöffel Salz und nach Belieben Pfeffer und Chilipulver hinzu und mixe die Zutaten unter Zugabe von 100 ml Wasser so lange, bis eine einheitliche Flüssigkeit entsteht. Voilà: Fertig ist ein schneller, erfrischender Snack für zwischendurch! Besonders lecker schmeckt die kalte Gurkensuppe übrigens mit einer Scheibe Brot.

Sami:

SÜSS-SALZIGE SCHOKO-KIWIS AM STIEL

Du brauchst:

2–3 Kiwis
250 g dunkle Schokoladen-kuvertüre
50 g Himalayasalz
Einige Eisstiele

Und so geht's:

Schneide die Kiwis in ca. ein Zentimeter dicke Scheiben und entferne die Schale. Ritze anschließend mit einem Messer Einkerbungen in die Kiwischeiben und stecke sie auf die Eisstiele. Lass dann 250 g dunkle Schokoladenkuvertüre bei niedriger Temperatur in einem Topf schmelzen. Alternativ kannst Du die Schokolade auch im Wasserbad schmelzen – so brennt sie Dir nicht so schnell an. Tunke nun die Kiwischeiben nacheinander in die flüssige Schokolade, bis sie alle vollständig ummantelt sind. Bestreue sie im Anschluss mit dem Himalayasalz und stell sie zum Abkühlen in den Kühlschrank. Dieser Snack zeichnet sich durch die Mischung von süßen und salzigen Geschmackselementen aus und ist ein exotisches Geschmackserlebnis der besonderen Art. Und jetzt: Mund auf, Snack rein, genießen!

Lamiya:

BUNTER FELDSALAT MIT AVOCADO-DRESSING

Du brauchst:

70 g Feldsalat
50 g Schafskäse
1 hart gekochtes Ei
½ Avocado
1 Spritzer Zitrone
7 (oder mehr) bunte Cocktailtomaten
½ Mozzarella
Pinienkerne (nach Belieben)
3 EL Olivenöl
Salz, Salatkräuter

Und so geht's:

Wasche den Feldsalat und die Cocktailtomaten und lass sie gut abtropfen. Halbiere anschließend die Tomaten oder schneide sie in Viertel. Schneide dann den Schafskäse in Würfel und den Mozzarella in kleine Stücke. Das hart gekochte Ei kannst Du ebenfalls in Stücke schneiden oder es einfach nur halbieren. Vermische alle Zutaten und gib nach Belieben Pinienkerne hinzu.

Für das Dressing zerschneide eine Avocado und entnimm das Fruchtfleisch aus einer Hälfte. Zerdrücke es mit einer Gabel und füge 3 Esslöffel Olivenöl, einen Spritzer frische Zitrone, etwas Salz und Salatkräuter hinzu. Vermische die Zutaten gut.

Gib im Anschluss das Dressing über den Salat und richte alles zusammen schön auf einem Teller an.

Zeit für die HAUPTSPEISE: **3** LECKERE REZEPTE *für den* MITTAG *oder* ABEND

Sami:

NUDELPFANNE MIT SPARGEL UND HÄHNCHENBRUST AN GRÜNEM PESTO

Du brauchst:

150 g Vollkornnudeln
75 g Schafskäse
5 Cherrytomaten
1 Handvoll Basilikumblätter
50 ml Olivenöl
1 Hähnchenbrust
5–6 Stangen grüner Spargel
1 Handvoll Cashewnüsse (oder Pinienkerne)
50 g Parmesankäse
Salz, Pfeffer

Und so geht's:

Bereite zuerst das grüne Pesto zu. Das geht entweder im Mixer oder in einem Mörser – ich habe mich für den Mörser entschieden. Wasche dazu als Erstes das Basilikum. Schneide dann den Parmesankäse in kleine Würfel. Gib anschließend eine Handvoll Cashewnüsse oder Pinienkerne in einen Mörser und zerstampfe sie. Füge nach und nach die Basilikumblätter und den gewürfelten Parmesankäse hinzu und zerstoße alle Zutaten, bis ein Brei entsteht. Füge 50 ml Olivenöl zu der Masse hinzu und verrühre alles gut. Nun schmecke das Pesto noch mit etwas Salz und Pfeffer ab – fertig!

Bringe nun 1,5 Liter Wasser mit einer Prise Salz in einem Topf zum Kochen und füge die Vollkornnudeln hinzu. Erhitze in der Zwischenzeit etwas Öl in einer Pfanne. Schneide die Hähnchenbrust in Streifen und brate diese bei mittlerer Hitze unter mehrmaligem Wenden an, bis sie von allen Seiten goldbraun sind. Würze sie mit einer Prise Salz und Pfeffer. Gib die fertig angebratenen Hähnchenbruststreifen dann in eine Schale. Wasche anschließend den grünen Spargel und schneide ihn in mundgerechte Stücke. Gib ihn in die Pfanne, in der Du zuvor die Hähnchenbruststreifen angebraten hast, und füge eventuell noch etwas Öl hinzu. Brate auch den Spargel einige Minuten bei mittlerer Hitze an. Nimm den Topf mit den fertig gekochten Nudeln vom Herd und gieße das Wasser durch ein Sieb ab. Nimm auch die Pfanne mit dem Spargel vom Herd und gib diesen zusammen mit den Nudeln und den Hähnchenbruststreifen in eine große Schüssel. Füge dann das Pesto hinzu und vermische alles gut. Zerbrösele anschließend den Schafskäse mit der Hand und mische ihn ebenfalls unter. Wasche und halbiere zum Schluss die Cherrytomaten und garniere mit ihnen Dein leckeres Essen!

Dounia:

COUSCOUSSALAT MIT GEMÜSE UND SCHAFSKÄSE

Du brauchst:

150 g Couscous
2 Frühlingszwiebeln
½ Gurke
1 Zitrone
Frische Petersilie
½ TL Salz
Chilipulver
100 g Schafskäse
2 Tomaten
5 eingelegte Peperoni
4 EL Olivenöl
Frische Minze
Pfeffer
Salatkräuter

Und so geht's:

Lass den Couscous in zuvor gekochtem Wasser ca. 5 Minuten lang quellen. Schneide in der Zwischenzeit die Frühlingszwiebeln, die Tomaten, die halbe Gurke, die Peperoni und den Schafskäse in kleine Würfel. Nun hacke die Petersilie und die Minze klein und gib alles zusammen in eine Schüssel. Press die Zitrone aus und füge ihren Saft sowie 4 Esslöffel Olivenöl hinzu. Dann würze die Mischung mit einem halben Teelöffel Salz und nach Belieben mit Pfeffer, Chilipulver und Salatkräutern. Gib zum Schluss den eingeweichten Couscous hinzu und vermische alle Zutaten gründlich. Schon hast

Du ein leckeres Mittagessen, das reich an Vitaminen ist und noch dazu lecker schmeckt! Am besten garnierst Du den Couscous-salat mit einer Portion Naturjoghurt – das gibt Deiner Mahlzeit den letzten Schliff und lässt Deinen Gaumen jubeln. Du kannst den Couscous übrigens auch mit Fleisch, Fisch, Garnelen oder anderem Gemüse anreichern – dieser Salat erlaubt viele leckere Variationen!

Lamiya:

WÜRZIGE GEMÜSEPFANNE MIT LACHS

Du brauchst:

2 festkochende Kartoffeln
1 Zucchini
3 weiße oder braune Champignons
1 Handvoll Prinzessbohnen
125 g Stremellachs (Natur)
Olivenöl
Salz
Pfeffer
Ras el-Hanout (arabisches Gewürz)

Und so geht's:

Wasche die Zucchini und schneide sie in Scheiben. Viertele dann die Pilze und schneide die Kartoffeln in mittelgroße Stücke. Gib das klein geschnittene Gemüse zusammen mit den Prinzessbohnen in eine Pfanne und brate es bei mittlerer Hitze mit einem Schuss Olivenöl an – es sollte aber schön knackig bleiben. Füge als Nächstes das Ras el-Hanout hinzu und lass alles zusammen noch ein wenig in der Pfanne schwitzen. Gib zum Schluss eine Prise Salz und Pfeffer hinzu und richte das Gemüse zusammen mit dem Lachs an. Das Gericht ist lecker und gesund, reich an Proteinen und eignet sich perfekt, wenn einem zum Kochen nicht so viel Zeit zur Verfügung steht.

MAMAS GEHEIMREZEPT: MEDITERRANER SALAT AUS GRILLGEMÜSE NACH TUNESISCHER ART

Unsere Mama ist eine begnadete Köchin, die uns am Esstisch immer nach Strich und Faden verwöhnt hat – und das auch heute noch oft genug tut. Für unser Buch hat sie einen Blick in ihre Rezeptsammlung geworfen und ein ganz besonderes tunesisches Rezept herausgesucht, das Dir garantiert das Wasser im Mund zusammenlaufen lassen wird. Viel Spaß beim Nachkochen!

Du brauchst:

3 milde Paprika
4 Tomaten
1 Zwiebel
1 Knoblauchzehe
1–4 scharfe Peperoni (je nach gewünschtem Schärfegrad)
2 EL Olivenöl
Salz
Pfeffer

Und so geht's:

Heize den Ofen auf 200° C Ober-/Unterhitze vor und wasche und putze in der Zwischenzeit das Gemüse. Gib es anschließend für 30 Minuten auf einem Backblech in den vorgeheizten Ofen. Wenn Du das Gemüse wieder herausnimmst, sieht es eventuell an einigen Stellen leicht angebrannt aus – aber keine Sorge, das ist normal. Gib das noch heiße Gemüse dann in einen Plastikbeutel, verschließe diesen und lass alles für 10 Minuten abkühlen. Auf diese Weise kannst Du nun die Haut viel einfacher entfernen. Trenne das Gemüse anschließend noch von den Stielen und gib alles zusammen in einen Mixer. Alternativ kannst Du auch einen Stabmixer benutzen. Püriere das Gemüse gut und gib die dabei entstehende Masse in eine Schale. Mische anschließend 2 Esslöffel Olivenöl mit einer Prise Salz und Pfeffer und gib alles zu dem pürierten Gemüse dazu. Das Olivenöl ist wichtig, da es dem Salat die Schärfe nimmt.

Ganz nach tunesischer Art wird der Salat nun noch auf einem Teller angerichtet und dekoriert. Dazu kannst Du, wie in Tunesien üblich, Kapern, Eier, Thunfisch und Oliven benutzen – oder aber ganz andere Zutaten. Dazu wird meist ein Stück Weißbrot gereicht. Du kannst den Salat aber auch einfach als Brotaufstrich essen. Hauptsache, es schmeckt Dir!

LUST AUF WAS SÜSSES? **3** *schmackhafte* ALTERNATIVEN ZU *den üblichen* SCHOKOBOMBEN

Sami:

SCHOKOLADENMOUSSE AUF AVOCADO-BASIS

Du brauchst:

2 Avocados
30 ml Kokosmilch
2 EL Kakaopulver
1 EL dunkler Backkakao
3–4 EL Agavendicksaft
1 TL Vanilleextrakt
Salz

Und so geht's:

Schneide die Avocados auf und entferne die Steine. Dann entnimm das Fruchtfleisch und schneide es in kleine Würfel. Gib die Avocadowürfel zusammen mit der Kokosmilch, dem Kakaopulver, dem Agavendicksaft, dem Vanilleextrakt und einer Prise Salz in einen Mixer und vermische alle Zutaten ca. ein bis zwei Minuten auf höchster Stufe, bis eine Masse mit einer fluffigen Konsistenz entsteht. Fertig ist eine leckere und gesunde Schokomousse, die Dir das Wasser im Mund zusammenlaufen lässt! Besonders lecker schmeckt diese Süßspeise übrigens zusammen mit frischen Himbeeren – und das sieht auch noch verdammt gut aus.

TIPP: Schälchen aus weißer Schokolade selbst machen

Um Deine Schokoladenmousse besonders schön anzurichten, gibt es nichts Besseres als selbst gemachte, essbare Schälchen aus weißer Schokolade. Und die sind ganz fix gemacht! Alles, was Du dazu brauchst, sind 250 g weiße Schokolade und einige Luftballons. So geht's: Bring die weiße Schokolade in einem Topf zum Schmelzen. Blase dann die Luftballons auf und tunke sie in die flüssige Schokolade. Stelle die mit reichlich Schokolade benetzten Luftballons im Anschluss auf ein Stück Alufolie und lass die Schokolade im Kühlschrank hart werden. Nun kannst Du die Luftballons einfach mit einer Nadel zerstechen – fertig sind die leckeren Schälchen aus weißer Schokolade.

Lamiya:

TRAUBEN IM VANILLECREME-MANTEL MIT HASELNUSSKROKANT

Du brauchst:

20 große rote kernlose Weintrauben
20 kleine Backoblaten
200 ml Sahne
200 g Quark
1 Vanilleschote
1 TL Vanillezucker
1 Handvoll Haselnusskrokant

Und so geht's:

Schlage die Sahne mit einem Rührgerät in einer Schüssel steif und gib währenddessen den Vanillezucker hinzu. Schneide anschließend die Vanilleschote der Länge nach auf und kratze mit einem Teelöffel das Mark heraus. Gib nun das Vanillemark in die Schüssel mit der geschlagenen Sahne und füge als Letztes den Quark hinzu. Vermische die Zutaten gut. Wasche die Weintrauben und wende sie so lange in der Vanillecreme, bis sie vollständig bedeckt sind. Bestreue die ummantelten Trauben zum Schluss mit dem Haselnusskrokant und platziere sie auf die Backoblaten. Voilà – schon hast Du die perfekte Süßspeise für alle Naschkatzen, die es gern fruchtig und sahnig mögen!

Dounia:

SÜSSE ENERGIEBÄLLCHEN

Ergibt 2–3 Portionen.

Du brauchst:

12 Datteln
50 g Nüsse nach Wahl
1 EL Kakaopulver
1 EL Kokosraspeln
1 EL Haferflocken
2 EL Honig (oder Agavendicksaft)
2 EL Wasser

Und so geht's:

Lass die Nüsse 20 Minuten lang in einer Schale mit Wasser einweichen. Entkerne dann die Datteln und gib sie zusammen mit den eingeweichten Nüssen, dem Kakaopulver, den Haferflocken und dem Honig oder Agavendicksaft in einen Mixer. Vermische die Zutaten unter Zugabe von 2 Esslöffeln Wasser ca. 5 Minuten lang und gib die entstandene Masse anschließend mit einem Löffel in eine Schüssel. Forme zum Schluss mithilfe der Kokosraspeln kleine runde Energiebällchen aus der Mischung und lass es Dir schmecken! Die Energiebällchen schmecken lecker schokoladig und süß und sind dabei trotzdem frei von ungesundem Zucker.

MACH'S DIR SCHÖN

UND GENIESSE DAS LEBEN!

3 KREATIVE IDEEN, *um* DEIN ZUHAUSE *in eine* WOHLFÜHLOASE *zu verwandeln*

Sami:

BUNTE KONFETTISCHALE

Dieses DIY ist perfekt für Dich, wenn Du Deine Wohnung gern mit einem kleinen Farbakzent verschönern möchtest. Es ist günstig und extrem leicht nachzumachen – also nichts wie los!

Du brauchst:

Buntes Konfetti
Klartrocknender Leim (Mod Podge)
Schwammpinsel
Schere
Luftballon
Sprühkleber

Und so geht's:

1. Blase den Luftballon auf und bestreiche die obere Hälfte mit Leim.

2. Bestreue die Schicht aus Leim nun mit reichlich Konfetti und wiederhole beide Schritte drei- bis viermal, damit die Schale am Ende auch schön fest wird.

3. Fixiere die Schale von außen noch einmal zusätzlich mit einer dünnen Schicht Sprühkleber, wenn alles getrocknet ist.

4. Bring den Luftballon zum Platzen und schneide die Schale so zurecht, wie Du sie haben möchtest. Fertig ist ein selbst gemachter und vielseitig einsetzbarer Farbklecks für Deine Wohnung!

Lamiya:

INSPIRIERENDE SLOGANS ZUM AUFSTELLEN UND -HÄNGEN

Jeder hat seine persönlichen inspirierenden Slogans, die für ihn ins Schwarze treffen und ihn im täglichen Leben antreiben. Wichtig ist, sich diese regelmäßig vor Augen zu halten, damit sie nicht in Vergessenheit geraten. Und wie ginge das besser, als wenn man sie in einem tollen Bilderrahmen in seiner Wohnung aufstellen würde?

Du brauchst:

Papier (für Acrylfarben geeignet)
Acrylfarben in verschiedenen Farben
Pinsel
Schere
Bilderrahmen Deiner Wahl

Und so geht's:

1. Schneide das Papier so zurecht, dass es in den Bilderrahmen passt.

2. Nun ist Deine Kreativität gefragt. Wähle einen inspirierenden Slogan oder ein Zitat und male es mit den Acrylfarben und dem

Pinsel auf das Papier. Welchen Stil Du wählst, ist dabei Dir überlassen. Du kannst Dich für eine verschnörkelte Schrift entscheiden oder aber mit Schablonen arbeiten und Blockbuchstaben benutzen. Wenn Du willst, verziere Deinen Slogan noch mit Linien oder einem Muster oder allem anderen, was Dir einfällt.

3. Warte, bis die Acrylfarbe getrocknet ist, und rahme das Blatt Papier mit dem Slogan dann ein. Und schon hast Du ein individuelles und peppiges Dekoelement zum Aufstellen oder -hängen!

Dounia:

BLUMENVASE IM SHABBY CHIC-STIL

Wer es genau wie ich verträumt und blumig mag, ist mit dieser DIY-Blumenvase gut beraten. Sie bringt durch ihre hellen Farben einen frischen Akzent in Deine Wohnung und sorgt für einen frühlingshaften und gemütlichen Touch.

Du brauchst:

Vase
Weißer Nagellack
Sekundenkleber
Schere
Postkarte mit Spruch Deiner Wahl
Plastikblumen

Und so geht's:

1. Bestreiche die Vase mit weißem Nagellack und lass die Farbe gut trocknen.

2. Schneide die einzelnen Buchstaben des inspirierenden Spruchs, mit dem Du Deine Vase verzieren möchtest, von der Postkarte aus.

3. Klebe die einzelnen Buchstaben mit Sekundenkleber auf die Vase. Achte dabei auf die richtige Reihenfolge!

4. Schneide zuletzt einzelne Blüten von Deinen Plastikblumen ab und klebe sie um den Spruch herum auf die Vase. Die restlichen Plastikblumen kannst Du dann noch in die Vase stellen. Et voilà – in nur wenigen Minuten hast Du Dir einen tollen Dekorationsartikel gezaubert, der Deine Wohnung verschönert und für Gemütlichkeit sorgt.

ENTSPANNUNG *gefällig?* **15** TIPPS ZUM RUNTERKOMMEN *nach einem stressigen Tag*

In unserem Job sind wir ständig auf Achse. Meist arbeiten wir an mehreren Projekten gleichzeitig: Wir reisen durch die Welt, drehen hier ein Video, haben dort einen TV-Auftritt oder ein Fotoshooting. Und vom Shooting geht es dann direkt zum Meeting und danach zum Geschäftsessen. Obwohl wir unseren Job lieben und um keinen Preis in der Welt etwas an unserem hektischen Lebensstil ändern möchten, fühlen auch wir uns manchmal nach einem langen Arbeitstag gestresst – so wie das wohl jeder Mensch kennt. Über die Jahre haben wir uns deshalb Strategien angeeignet, wie wir nach einem stressigen Tag zur Ruhe kommen und unsere Energiereserven schnell wieder auffüllen können. Probier doch einfach mal den einen oder anderen Tipp aus, wenn Du einen harten Tag hattest und dringend mal relaxen musst – wir wünschen frohes Entspannen!

Sami:

1. Power Naps! Wenn ich tagsüber im Terminstress bin und ganz schnell einen Energiekick brauche, greife ich nicht etwa zu Kaffee – nein, ich halte ein Schläfchen. Das klingt vielleicht verrückt, aber ich habe mir angewöhnt, mitten am Tag kurze »Power Naps« zu halten. Wenn Du nur fünf bis zehn Minuten schläfst, hast Du sofort wieder mehr Kraft und fühlst Dich frisch und ausgeruht. Das geht auch unterwegs – zum Beispiel im Auto oder an einem schattigen Plätzchen im Freien!

2. Tief durchatmen! Es gibt keine günstigere und einfachere Art der Entspannung, als einfach zu atmen. Ein paarmal tief ein- und wieder auszuatmen, kann wahre Wunder bewirken! Dein Puls verlangsamt sich und Dein Blutdruck wird gesenkt – Du fühlst Dich innerhalb von Sekunden entspannter und ausgeglichener. Mein Geheimtipp, um die Übung noch effektiver zu machen: Stell Dir vor, wie beim Ausatmen Deine Anspannung und alle negativen Gedanken von Dir abfallen und beim Einatmen Entspannung und positive Gefühle in Deinen Körper hineinfließen!

3. Bequem anziehen! Wenn ich nach einem langen Arbeitstag nach Hause komme, ist das Erste, was ich tue, meine Alltagskleidung auszuziehen und mich in ein bequemes Outfit zum Relaxen zu werfen. In Jogginghose und T-Shirt entspannt es sich einfach so viel besser als in engen Jeans oder in einem Hemd. Nur so kann man sich so richtig schön auf dem Sofa oder im Bett räkeln. Wenn Du entspannen willst, gib auch Deinem Körper Raum zum Entspannen und befreie Dich unbedingt von unbequemer Kleidung!

4. Schaumbäder! Nichts ist so entspannend wie ein langes Schaumbad bei Kerzenschein. Ich liebe es, mir nach einem stressigen Tag ein heißes Bad einlaufen zu lassen und mit einer dezenten Duftkerze für eine wohlige Atmosphäre zu sorgen. Dann noch entspannende Musik anschalten, raus aus den Klamotten und rein in die Badewanne – fertig ist das perfekte Badeerlebnis, nach dem Du Dich hundertmal ausgeglichener fühlen wirst!

5. Musik hören und tanzen! Wenn ich mich gestresst und abgespannt fühle, drehe ich einfach ganz laut meine Lieblingsmusik auf und tanze drauflos. Es ist mir egal, wie ich dabei aussehe – ich lasse mich einfach gehen und bewege meinen Körper im Rhythmus der Musik. Probier es auch mal aus! Schon nach fünf Minuten kannst Du fühlen, wie die Glückshormone durch Deinen Körper strömen und Du Dich viel ausgeglichener fühlst als noch zuvor.

Dounia:

1. Rituale! Wenn ich nach einem langen Arbeitstag nach Hause komme, führe ich immer dieselben Rituale aus – ich mache mein Handy aus, genieße die Stille und mache es mir bequem. Ich glaube, es ist wichtig, Rituale zur Entspannung zu haben. Auf diese Weise weiß der Körper sofort, dass der Stress nun ein Ende hat und die Zeit zum Runterfahren gekommen ist. Wie diese Rituale für Dich persönlich aussehen, ist letztendlich egal – jeder bevorzugt eine andere Form der Entspannung. Wichtig ist nur, dass Du sie regelmäßig in Deinen Alltag einbaust, sodass Du sie automatisch mit Ruhe und Ausgeglichenheit verbindest.

2. Tee! Eine Tasse Tee oder ein anderes Heißgetränk wärmt Deinen Körper von innen heraus und hilft Dir so dabei, den Stress des Tages von Dir abfallen zu lassen. Wie wäre es zum Beispiel mit einem beruhigenden grünen Tee oder einem schokoladigen Chai Latte? Mach es Dir einfach gemütlich, kuschel Dich in eine Decke und lass es Dir schmecken – so bist Du ganz schnell wieder die Ruhe selbst und hast jede Menge Energie für neue Aufgaben!

3. Entspannte Atmosphäre! Es ist schwierig, sich in einem unruhigen Umfeld richtig zu entspannen. Deshalb ist es wichtig, für eine ruhige und entspannte Atmosphäre zu sorgen, die Dir dabei hilft, Dich fallenzulassen. Ich persönlich finde Stille und frische Luft sehr entspannend. Wenn ich mich ausruhen will, schalte ich weder den Fernseher noch das Radio ein. Ich kuschele mich einfach mit meinem Tee in eine warme Decke ein und öffne das Fenster. Im Sommer höre ich so die Vögel leise zwitschern und im Winter genieße ich die kalte Luft, die ins Zimmer strömt und mich erfrischt. Um die gemütliche Atmosphäre perfekt zu machen, zünde ich dann meistens noch eine dezent riechende Duftkerze an.

4. Bücher, Zeitschriften, Filme, Radio! An irgendeinem Punkt bin ich durch die Stille so entspannt, dass ich mich wieder anderen Dingen widmen möchte, die ich gern tue. Vielleicht liest Du gern oder hast eine Lieblingsserie, die Du mit Spannung verfolgst? Egal was es ist – bei Aktivitäten, die man liebt, lässt es sich super entspannen! Ich lese meist eine Zeitschrift oder schalte das Radio ein. So liefere ich meinem Kopf neuen Input, aber überfordere ihn nicht.

5. Sport! An besonders stressigen Tagen absolviere ich am Abend ein anstrengendes sportliches Training, das mich wieder auf den Boden bringt. Sport hilft mir dabei, mit Stress besser umzugehen, da ich meinen ganzen Frust und meine ganze Anspannung in die körperliche Bewegung stecken kann. Danach fühle ich mich dann viel ruhiger und ausgeglichener. Wenn Du nicht so auf Sport stehst, kannst Du auch einfach tanzen gehen – das hat denselben Effekt. Du powerst Dich aus und baust den ganzen Stress des Tages ab!

Lamiya:

1. Offline gehen! In der heutigen Zeit stehen wir quasi permanent mit anderen Menschen in Kontakt – mit unseren Smartphones können wir nicht nur telefonieren und SMS schreiben, sondern auch chatten, E-Mails empfangen und in sozialen Netzwerken unterwegs sein. Obwohl es unglaublich viel Spaß macht, sich mit anderen Menschen auszutauschen, ist es wichtig, sich auch mal eine Pause zu gönnen. Wenn ich daher einmal richtig entspannen will, gehe ich komplett offline – ich schalte mein Telefon und meinen Computer aus und kappe alle Drähte zur Außenwelt. Nur so finde ich die wertvolle Zeit für mich allein, die jeder von uns ab und zu nötig hat.

2. Rausgehen! Bei zu viel Stress hilft ein Tapetenwechsel. Du musst nicht lange oder weit wegfahren, um mal richtig auszuspannen. Es reicht meistens schon, wenn Du Dir einen Ort suchst, an dem Du Deine Ruhe hast und der Dir ein Gefühl von Weite vermittelt. Wenn ich runterkommen will, fahre ich am liebsten mit meinem Auto allein auf eine Aussichtsplattform. Ich kaufe mir einen Tee, höre Musik und schaue über die Stadt oder genieße die Natur. Das wirkt wahre Wunder!

3. Massage! Bei Stress spannen sich Deine Muskeln an und Dein Körper verkrampft sich. Dagegen hilft eine entspannende Massage. Eine Thai-Massage ist für mich der Himmel auf Erden: Weil man sich dabei ganz auf seinen Körper und die Entspannung konzentriert, verliert man plötzlich keinen Gedanken mehr an die vielen Dinge, die zuvor noch für Stress gesorgt haben. Professionelle Massagen sind zwar nicht allzu billig – aber ich glaube, dass man sich bei Stress auch mal etwas gönnen sollte!

4. Singen! Musik hilft mir seit jeher dabei, meine innere Mitte zu finden. Wenn ich mich unausgeglichen fühle, singe ich am liebsten langsame Balladen – so bin ich sofort wieder bei mir und fühle mich entspannt und erholt. Natürlich ist nicht jeder ein Gesangstalent. Aber es geht ja auch nicht darum, wie gut Du singen kannst, sondern ob es Dir Freude bringt und Dich ruhiger macht! Wenn Du nicht gern singst, kannst Du auch einfach langsame und entspannende Musik hören und dabei relaxen.

5. Haustiere! Haustiere haben auf mich eine sehr beruhigende Wirkung. Nach einem langen Arbeitstag lege ich mich am liebsten ins Bett und schmuse ausgiebig mit meiner Katze. Ich habe das Gefühl, dass ihre Ruhe sich dabei auf mich überträgt. Aber nicht nur Katzen können beim Entspannen helfen. Auch ein Spaziergang durch die Natur mit einem Hund kann Dich ruhiger und ausgeglichener machen. Vielleicht wäre ein Haustier ja auch etwas für Dich? Ich kann es Dir nur ans Herz legen – Haustiere bereichern das Leben ungemein.

Ich liebe meine Katze Tipsy! Wenn ich nach einem harten Tag ausgiebig mit ihr kuschle, fühle ich mich gleich viel entspannter.

SCHLECHTE LAUNE IM ANFLUG? *So zauberst Du das* LÄCHELN ZURÜCK *auf Dein Gesicht!*

Wir drei sind von Natur aus lebenslustige Menschen und meistens gut drauf. Wir laufen mit einem Lächeln durch die Welt und freuen uns über die tollen Menschen und die wunderschönen Dinge, die uns tagtäglich umgeben. Aber wie alle normalen Menschen haben auch wir manchmal schlechte Tage, an denen wir mies gelaunt und gefrustet sind. Das kann viele Gründe haben: Vielleicht haben wir einen stressigen Tag mit zu viel Arbeit hinter uns, vielleicht haben wir zu wenig geschlafen oder wir haben Kopfschmerzen. Doch egal, woher die schlechte Laune kommt – uns ist es wichtig, dass wir aktiv dagegen angehen und uns die positiven Seiten des Lebens vor Augen halten. Denn nur so können wir das Lächeln zurück auf unser Gesicht zaubern – und mit einem Lächeln auf den Lippen lebt es sich einfach schöner. Wenn auch Du manchmal schlechte Laune hast und wissen möchtest, wie Du sie schnell wieder loswirst, haben wir hier ein paar Tipps für Dich:

Dounia, 1991: Als ich klein war, hatte ich immer gute Laune. Daran hat sich bis heute nicht viel geändert.

Lamiya:

Lächle! Das beste Rezept gegen schlechte Laune ist Lachen. Natürlich kann man sich nicht einfach hinsetzen und draufloslachen, wenn man überhaupt nicht dazu in der Stimmung ist. Aber oft hilft schon ein kleines Lächeln – und zu dem ist man jederzeit fähig. Wenn Du mit einem Lächeln durch die Welt läufst, wirst Du von vielen Menschen ein Lächeln zurückbekommen. Und das hebt Deine Laune automatisch – denn gute Laune ist ansteckend.

Probier etwas Neues aus! Bist Du von Deinem Alltagstrott frustriert, kann es Dir helfen, mal etwas Neues auszuprobieren. Das kann alles Mögliche sein, Deiner Fantasie sind keine Grenzen gesetzt! Immer gut ist es, Dich an einer neuen Sportart zu versuchen, denn so erlebst Du nicht nur etwas Neues, sondern durch die Bewegung werden in Deinem Körper auch Glückshormone ausgeschüttet. Ich war zum Beispiel kürzlich zum ersten Mal Klettern und hatte dabei unglaublichen Spaß. Auch eine absolute Empfehlung von mir: Kart fahren!

Geh tanzen! Bewegung macht glücklich. Musik auch. Beides addiert bedeutet doppeltes Glück! Beim Tanzen verlierst Du Dich in der Musik und vergisst ganz schnell den Grund für Deine schlechte Laune. Nimm Deine Freunde mit und mach Dir mit ihnen zusammen einen lustigen Abend – und schwupps bist Du wieder gut drauf!

Dounia:

Such Dir Inspiration und Motivation! Wenn man einen richtig doofen Tag hat, passiert es schnell einmal, dass man nur noch die schlechten Dinge im Leben sieht. In so einem Fall solltest Du unbedingt gegensteuern und Dich daran erinnern, wie schön Dein Leben ist. Ich habe mir für solche Situationen eine Pinnwand aufgehängt, an die ich all die Dinge hefte, die mich begeistern und die ich mit Glück verbinde. Das können Bilder oder andere Erinnerungen sein, Wunschzettel, motivierende Postkarten oder schöne Zitate. Alles, was Dich inspiriert und glücklich macht, ist erlaubt!

Umgib Dich mit fröhlichen Menschen! Gute Laune ist ansteckend, deshalb ist es bei schlechter Laune wichtig, sich mit Menschen zu umgeben, die fröhlich sind und mit denen Du Spaß haben kannst. Meine erste Anlaufstelle bei schlechter Laune ist meine Familie. Wenn wir alle zusammen sind, Mama etwas Leckeres kocht und Papa seine Geschichten erzählt, ist die schlechte Laune sofort vergessen. Aber nicht nur die Familie kann bei schlechter Laune Abhilfe schaffen – auch Deine Freunde können Dich auffangen und Dir wieder ein Lächeln ins Gesicht zaubern!

Nimm es mit Humor! Auch wenn die Dinge mal nicht perfekt laufen, lasse ich nie den Kopf hängen, sondern versuche es mit Humor zu nehmen. Denn es ist der Blickwinkel, der zählt! Über ein Missgeschick zu lachen ist letztendlich viel effektiver, als sich darüber zu ärgern, denn das Lachen lockert die Situation auf und steckt auch Deine Mitmenschen an. Humor hilft Dir dabei, den Kopf in jeder Lebenslage über Wasser zu halten und allem etwas Gutes abzugewinnen!

Sami:

Mach Dir etwas Leckeres zu essen! Liebe geht durch den Magen – und gute Laune auch. Wenn ich mies drauf bin, gönne ich mir gern mal etwas Leckeres zu essen. Das verwöhnt meine Geschmacksnerven und bessert meine Laune spürbar. Natürlich übertreibe ich es dabei nicht, denn Frustessen macht einen auf Dauer nur noch unzufriedener. Aber so ein leckerer Snack zwischendurch darf es schon mal sein! Tolle Ideen für süße Gaumenfreuden, die bestimmt auch Dich aufheitern werden, findest Du auf Seite 190.

Gönn Dir was! Jeder von uns hat unerfüllte Wünsche – und manche davon sind gar nicht so schwer in die Tat umzusetzen. Vielleicht liebäugelst Du ja mit einem Paar Schuhe, das Dir bei Deiner letzten Shopping-Tour ins Auge gefallen ist? Oder Du wolltest schon seit Ewigkeiten wieder mal zur Pediküre? Dann ist genau jetzt die Zeit dafür gekommen! Denn nichts sorgt für einen schnelleren Gute-Laune-Kick, als sich einen Wunsch zu erfüllen und sich einfach mal was zu gönnen.

Schau inspirierende YouTube-Videos! Bestimmt sagst Du jetzt: »War ja klar, dass das von Sami kommt!« Aber: Es stimmt! Das Internet hält massig tolle Videos parat, die Dich sofort motivieren und auf neue kreative Ideen bringen. Wenn ich mies drauf bin, schaue ich mir am liebsten Videos von Coversongs an. Ich finde es toll, zu sehen, wie viele talentierte Menschen es da draußen gibt und wie sie ihr Talent dazu nutzen, andere glücklich zu machen. Wenn ich mir ein Cover von einem meiner Lieblingssongs angehört habe, fühle ich mich sofort wieder gut und dazu inspiriert, selbst etwas Kreatives zu schaffen!

Schenk ein Lächeln – denn höchstwahrscheinlich steckst Du jemanden damit an und bekommst eins zurück!

Lamiya: Beste Freunde sind ein Wundermittel gegen schlechte Laune. Das sind meine beste Freundin Ceylan und ich 2004. Bis heute sind wir unzertrennlich!

Dounia: Bei schlechter Laune hilft manchmal nur eins: es mit Humor zu nehmen!

MUSIK *macht* GLÜCKLICH: *Unsere absoluten* LIEBLINGSSONGS

Die Liebe zur Musik wurde uns allen Dreien in die Wiege gelegt. Unsere Eltern waren begeisterte Michael-Jackson-Fans und unser Vater liebt Musik mit afrikanischen, spanischen oder arabischen Elementen. In unserer Kindheit sahen viele Abende so aus, dass Papa Musikkassetten laufen ließ, während Mama in der Küche kochte und nebenher zur Musik tanzte. Da konnten natürlich auch wir Kinder die Beine nicht stillhalten und Papa drehte jede Menge lustiger Videos von uns, wie wir im Wohnzimmer wild durcheinandertanzten. Kein Wunder also, dass Musik auch heute noch einen großen Stellenwert in unserem Leben einnimmt. Musik macht uns fröhlich und vertreibt negative Gedanken aus unseren Köpfen, sie lässt uns runterkommen und hilft uns dabei, den Stress des Tages zu vergessen. Ohne Musik wäre das Leben nur halb so schön. Deshalb wollen wir unsere Lieblingssongs, die uns besonders glücklich machen und durch ihre Texte inspirieren, mit Dir teilen. Hör mal rein – es lohnt sich!

Lamiya:

Demi Lovato – *Skyscraper*

In diesem Song geht es darum, sich nicht unterkriegen zu lassen und immer wieder aufzustehen, egal was passiert. In einer Gesellschaft, die einen oft kleinmachen will, ist diese Message für mich extrem wichtig. *Skyscraper* stärkt den Glauben an mich selbst und zeigt mir, dass ich erfolgreich meinen Weg gehen werde – egal, was die anderen sagen.

Beyoncé – *I Was Here*

Dieses Lied reflektiert meinen und den Wunsch meiner Geschwister, etwas Schönes und Positives auf dieser Welt zu hinterlassen. Ich möchte eines Tages zurückblicken können und sehen, dass ich etwas bewirkt habe. Darauf arbeiten wir alle täglich hin – und ich hoffe, es wird uns gelingen.

Ariana Grande feat. Zedd – *Break Free*

Dieser Song liefert garantiert gute Laute. Wenn ich einen schlechten Tag habe, drehe ich ihn einfach ganz laut auf und tanze dazu und schon geht es mit besser! Wenn auch Du mal mies drauf bist, probier es aus – ich kenne kein besseres Mittel gegen schlechte Laune!

Christina Aguilera – *The Voice Within*

Die Message dieses Songs lautet: Vertrau Deiner inneren Stimme! Diesen Leitsatz halte auch ich mir in meinem Leben immer vor Augen. Denn ich glaube ganz fest daran, dass man selbst in seinem Inneren am besten weiß, was gut für einen ist und welche Entscheidung die richtige ist.

Beyoncé – *Run The World (Girls)*

Ich finde die Message dieses Liedes einfach genial. Es geht darum, dass Frauen genauso viel schaffen können wie Männer. Für mich ist es ein absoluter Powersong, der mir Kraft gibt und mich daran erinnert, was ich alles erreichen kann!

Sami:

Katy Perry - *Firework*

Eine Message, die mir sehr am Herzen liegt und die ich immer versuche weiterzugeben, ist: Jeder Mensch ist etwas Besonderes, auch Du! Katy Perry singt darüber, dass man aufstehen und sein Licht erstrahlen lassen soll. »Baby you're a firework, come on, show 'em what you're worth!« Genau das solltest Du tun!

Justin Bieber - *Believe*

Hätte es nicht unsere treuen Fans gegeben, die immer an uns geglaubt haben und nun hoffentlich auch dieses Buch lesen, wären Dounia, Lamiya und ich niemals so weit gekommen. Wir verdanken Euch so viel! Wenn Du kurz vor dem Aufgeben bist, hör diesen Song und erinnere Dich daran, dass es Menschen da draußen gibt, die an Dich glauben!

Demi Lovato - *Really Don't Care*

Dieser Song spricht mir aus der Seele. Er zeigt, welchen Weg man im Leben einschlagen sollte, um sein Glück zu finden. Die Message lautet: Hänge Dich nicht an Menschen oder Dinge, sondern halte Dir Deine Träume und Ziele vor Augen und kämpfe für sie! Lass Dich von Rückschlägen nicht unterkriegen, sondern schau immer nach vorn!

Sam Smith - *Money on My Mind*

»I don't have money on my mind, I do it for the love« – diese Zeilen kann ich so komplett unterschreiben. Geld ist schön und gut, aber nicht das, was mich antreibt. Reichtum sollte nicht der Fokus im Leben sein. Alles, was ich tue, tue ich aus Liebe und mit viel Leidenschaft und Spaß an der Sache.

Selena Gomez - *Who Says*

In diesem Song geht es darum, dass wir alle auf unsere eigene Weise schön sind und niemand das Recht hat, uns herunterzumachen und das Gegenteil zu behaupten. Es ist wichtig, sich das vor Augen zu halten – nur so kann man den Glauben an sich selbst bewahren und sich so lieben, wie man ist.

Dounia:

Michael Jackson – *Man in the Mirror*

Für mich ist dieser Song der inspirierendste Song, der je geschrieben wurde. Er gibt mir Power und Hoffnung und hilft mir, immer weiterzumachen, auch wenn es anstrengend ist. Auch ich will Dinge in der Welt verändern und diese Veränderungen können nur von mir ausgehen. Alles, was ich erreichen will, muss ich aus eigenem Antrieb schaffen – das kann keiner für mich übernehmen.

Don Omar feat. Lucenzo – *Danza Kuduro*

Danza Kuduro ist mein absoluter Lieblingssong für gute Laune. Egal, ob es nachts um eins oder morgens um sechs ist – wenn ich diesen Song aufdrehe, bin ich sofort gut drauf. Dieses Lied erfüllt mich mit so viel Freude, dass ich einfach dazu tanzen muss, egal, wo ich gerade bin!

Sister Sledge – *We are Family*

Ich weiß, es klingt kitschig, aber ich liebe diesen Song. Ich erinnere mich, wie meine Geschwister und ich noch klein waren und diesen Song ganz laut zusammen gehört und dazu gesungen haben. Es geht darin um die Familie und darum, wo die eigenen Wurzeln liegen. Ich verbinde wunderschöne Erinnerungen mit diesem Lied und der Text spricht mir aus der Seele.

Bruno Mars – *Just the Way You Are*

»You're amazing just the way you are.« Dieser Song sagt genau das, was auch ich denke, nämlich dass wir alle auf unsere eigene Art schön sind. Wir sollten nicht irgendwelchen Schönheitsidealen hinterherrennen, sondern uns in unserer eigenen Haut wohlfühlen. Das Lied ist eine Liebeserklärung an jeden Menschen, der manchmal an sich zweifelt.

Christina Aguilera – *Fighter*

Fighter ist einer meiner absoluten Lieblingssongs aus meiner Jugend. Man fühlt sich im Leben oft unsicher und macht harte Zeiten durch. In solchen Situationen spendet mir dieses Lied Mut und gibt mir neue Energie. Als ich noch jünger war, habe ich immer so lange aus vollem Hals dazu mitgesungen, bis ich heiser war. Danach fühlte ich mich stärker – eben wie eine Kämpferin.

Musik macht glücklich – besonders wenn man wild dazu tanzt!

Lamiya:

HERZSCHMERZ ANGESAGT? *Dos and Don'ts bei* LIEBESKUMMER

Ohne Liebe wäre das Leben nur halb so schön. Wahrscheinlich kennt jeder von uns das Gefühl: Wir verlieben uns in einen Menschen und schenken ihm unser Herz. Wir gehen eine Beziehung ein, öffnen uns und bauen Vertrauen auf. Wir teilen kostbare Zeit miteinander und können uns irgendwann nicht mehr vorstellen, wie das Leben ohne den anderen aussehen soll. Doch leider halten nicht alle Beziehungen für immer – man entwickelt sich in verschiedene Richtungen, investiert nicht genug Arbeit in das gemeinsame Glück oder merkt, dass man sich in seinem Gegenüber getäuscht hat. Da ist Herzschmerz vorprogrammiert. Auch ich hatte natürlich schon mal Liebeskummer – aber ich habe mich nicht unterkriegen lassen und mein gebrochenes Herz gehegt und gepflegt, bis es wieder heil war. Es gibt leider kein Geheimrezept gegen Liebeskummer, aber die folgenden Dos and Don'ts haben sich für mich bewährt und können vielleicht auch Dir dabei helfen, Deinen Liebeskummer zu überwinden und das Beste aus der Situation zu machen:

DOS:

Lass Deine Emotionen einmal richtig raus! Wenn Du traurig bist und weinen musst, dann lass es zu – es wird Dir danach besser gehen. Nimm Dir Deine Zeit, um zu trauern, aber sage dann auch irgendwann: »Stopp. Das reicht jetzt. Das Leben geht weiter!«

Schreib Deine Gedanken auf! Deine Gedanken und Gefühle auf Papier zu bringen, hilft Dir, das Chaos in Deinem Inneren zu ordnen und Dir über vieles klar zu werden. Es tut unglaublich gut, sich seinen Kummer von der Seele zu schreiben, und macht den Kopf frei für neue schöne Dinge.

Sei realistisch! Durch die rosarote Brille sieht die Welt wunderschön aus, aber irgendwann ist es auch Zeit, sie abzusetzen und der Wahrheit ins Auge zu blicken. Versuche, Deine Situation objektiv zu bewerten, und rede Dir die Handlungen Deines Gegenübers nicht schön. Die Wahrheit zu erkennen, tut oft weh, hilft Dir aber auch, mit Vergangenem abzuschließen.

Sprich mit Menschen, denen Du vertraust! Teile Deinen Kummer mit Deinen Freunden, Deiner Familie oder anderen Vertrauenspersonen, anstatt Dich allein zu Hause zu verkriechen. Außenstehende haben oft einen objektiveren Blick auf Deine Situation und können Dir helfen, die Dinge in das richtige Licht zu rücken und nicht überzureagieren.

Konzentriere Dich auf die positiven Seiten des Lebens! Auch wenn Du traurig bist, heißt das nicht, dass überhaupt nichts Schönes mehr in Deinem Leben existiert. Halte Dich an den kleinen Momenten fest, die Dir Glück bringen, und gönne Dir etwas: Das kann ein Tag mit Freunden sein, eine Rückenmassage oder ein neues Paar Schuhe – wie Du magst!

Halte Dir vor Augen, dass nichts ohne Grund passiert! Ich glaube an das Schicksal und dass in allem, was mir passiert, etwas Gutes steckt – auch wenn ich es im Augenblick des Geschehens vielleicht noch nicht erkennen kann. Verinnerliche diese Denkweise, um zu erkennen, dass auch Dein Liebeskummer Dir etwas für Dein weiteres Leben bringen wird!

Lerne, mit Dir allein zu sein! Sich selbst zu genügen und die eigene Gesellschaft zu schätzen, bringt einem ungemein viel fürs Leben. Auch zukünftige Beziehungen wirst Du dadurch positiv beeinflussen, denn Du bist unabhängiger und stärker und lernst, Dich nicht von Deinem Partner abhängig zu machen. Vergiss nicht: Die schönste Liebe ist die, die von einem Menschen kommt, der sich selbst liebt.

DON'TS:

Grübel nicht zu viel! Analysiere die Situation nicht bis ins Unendliche und hör auf, das Vorgefallene im Kopf immer wieder durchzuspielen. Gerade wenn Du verletzt bist, passiert es leicht, dass Du die Dinge dabei falsch interpretierst. Versuche stattdessen, Dich abzulenken, wenn Du wieder in eine Gedankenspirale verfällst.

Verdränge Deine Trauer nicht! Natürlich ist es okay, wenn Du Dich ablenkst, aber tu nicht so, als ob nie etwas passiert wäre oder als ob Dir der andere Mensch nicht wichtig gewesen wäre. Niemand hat ein Herz aus Stahl und Deine Gefühle sind vollkommen berechtigt. Es ist total normal, dass Du traurig bist und gerade nicht mit einem Dauergrinsen durch die Welt läufst.

Hör keine traurige Musik! Denn höchstwahrscheinlich wird sie Dich noch trauriger machen. Spiel stattdessen fröhliche Songs, die Deine Laune heben oder Dich an schöne Momente erinnern! Meine persönlichen Favoriten: *Best Thing I Never Had* und *Irreplaceable* von Beyoncé.

Stalke den Verflossenen oder die Verflossene nicht! Im heutigen Zeitalter haben wir durch Social-Media-Plattformen die Möglichkeit, jederzeit herauszufinden, was der Ex-Partner oder die Ex-Partnerin gerade so macht. Doch das wird Dich nur unglücklich machen und Deinen Liebeskummer in die Länge ziehen. Lass es also!

Mach Dir keine Vorwürfe! Es ist leicht, die Schuld bei sich selbst zu suchen. Vielleicht denkst Du: Ich war nicht gut genug.

Oder: Hätte ich mir nur mehr Mühe gegeben. Lass das! Wenn zwei Menschen nicht zusammenpassen, dann liegt das an beiden Seiten, nicht nur an einer. Wenn Du nicht perfekt für Deinen Partner warst, dann war er auch nicht perfekt für Dich. Basta!

Räche Dich nicht! Jeder von uns hatte wohl schon mal Rachegedanken, aber ganz ehrlich: Rache macht nichts besser. Du kannst Dein Herz nicht heilen, indem Du dem Herzensbrecher Böses tust. Danach wirst Du Dich nur noch schlechter fühlen. Versuch stattdessen loszulassen und zu vergeben, auch wenn es schwerfällt.

Vergrabe Dich nicht in Deinem Schmerz! Liebeskummer zu überwinden, hat viel mit Deiner inneren Einstellung zu tun. Du musst wollen, dass es Dir besser geht, und Dich und Dein Wohlergehen an die erste Stelle setzen. Denk nicht, Du hättest es verdient, traurig und einsam zu sein, und warte nicht darauf, dass jemand anders Dich aus diesem Loch herausholt. Du bist für Dein eigenes Glück verantwortlich – also pack es an und schau nach vorne!

Nur wer sich selbst liebt und mit sich zufrieden ist, kann sein Glück finden – egal, ob in einer Beziehung oder allein.

Der PERFEKTE FAULE TAG *mit* SAMI, LAMIYA *und* DOUNIA

Lamiya:

Sami, Dounia und ich schaffen es nur selten, einen kompletten Tag miteinander zu verbringen. Meistens ist einer von uns unterwegs oder wir sind einfach anderweitig beschäftigt. Aber an so einem schönen Sommertag wie heute muss man einfach mal blaumachen! Wenn ich nichts zu tun habe, starte ich ganz gemütlich in den Tag. Ich trödele herum und nehme mir viel Zeit vorm Spiegel, um ein tolles Make-up zu zaubern!

Dounia:

Wenn wir dann alle startklar sind, geht es ab in die Stadt in unser Lieblingscafé! Hier verbringen wir den Vormittag erst mal ganz gemütlich mit Brunchen. Für mich gibt es ein süßes Frühstück mit Marmelade, Sami isst eine erfrischende Gurkensuppe und Lamiya hat einen leckeren gemischten Salat mit Hähnchenstreifen gewählt. Mmmh. Es gibt keinen besseren Start in den Tag!

Sami:

Nachdem wir uns die Bäuche vollgeschlagen und uns richtig schön gestärkt haben, steht einer ausgedehnten Shoppingtour durch Stuttgart nichts mehr im Weg. Die nächsten zwei Stunden sind wir mit Bummeln, Einkaufen und Staunen beschäftigt. Es gibt aber auch wieder so viele tolle Sachen – da weiß man gar nicht, in welches Schaufenster man zuerst schauen soll.

Und weil so eine Shoppingtour ganz schön anstrengend ist, gönnen wir uns dann auch einen leckeren Drink zur Erfrischung!

Lamiya:

Puh! Jetzt sind wir aber wirklich erledigt. Nichts wie ab nach Hause und da ein wenig chillen. Und weil relaxen ohne Essen nur halb so schön ist, bereite ich uns schnell ein paar Snacks zu. Bei diesem Wetter darf eine erfrischende Wassermelone auf keinen Fall fehlen. Ich liebe Wassermelone, die habe ich immer auf Vorrat da. Superlecker!

Dounia:

Nachdem wir den ganzen Mittag unterwegs waren, wird es langsam Zeit, dass wir uns ein wenig um unsere Social-Media-Kanäle kümmern. Wir wollen wissen, wie es unseren Fans geht und was sie bei dem schönen Wetter machen! Mit unseren Followern zu kommunizieren, macht unseren Tag erst so richtig perfekt. Und wo ginge das besser als draußen auf der Terrasse?

Sami:

Aber natürlich sitzen wir nicht nur stumm vor unseren Notebooks und Handys und tippen. Wir tauschen uns aus, lachen gemeinsam und machen Quatsch ohne Ende. Spaß muss sein – und den hab ich am liebsten mit meinen Geschwistern!

Lamiya:

Und weil ich nicht anders kann, mache ich wieder mal ein paar Bilder. Je mehr Momente wir als Bild festgehalten haben, desto schöner wird es eines Tages sein, zurückzublicken.

Danach lachen wir uns natürlich tot, weil wir alle drei auf den Fotos so creepy aussehen.

Dounia:

Den Nachmittag lassen wir dann ganz entspannt ausklingen und jeder zieht sich für eine Weile zurück, denn Ruhe muss auch mal sein. Ich setze mich gemütlich aufs Sofa und blättere in einer Zeitschrift. Das ist total tiefenentspannend und genau das, was ich jetzt brauche!

Sami:

Ein paar Stunden später geht es dann aber wieder gemeinsam weiter! Wir haben uns richtig in Schale geworfen und sind auf dem Weg zu einem tollen Event. Der Abend wird ein Erlebnis und wir haben superviel Spaß!

Später fallen wir erschöpft, aber glücklich ins Bett. Solche faulen Tage mit seinen Geschwistern muss man einfach lieben!

DANK

Sami:

Um ganz ehrlich zu sein, kann ich es gar nicht richtig glauben, dass ich gerade die Danksagung für mein erstes Buch schreibe. Viele fragen mich, wo ich mich in der Zukunft sehe, und meine Antwort ist immer, dass ich es noch nicht weiß – aber dies hier ist der erste Schritt dorthin. Mit diesem Projekt hat sich ein Traum für uns verwirklicht und wir wollen mit unserem Buch etwas zurückgeben. Die Lektüre soll jedem die notwendige Motivation und Inspiration geben, um niemals aufzugeben, egal, wie steinig der Weg ist, den man gerade geht.

Ein besonderer Dank geht an meine Fans, meine treuen Saminators, die von Anfang an an mich geglaubt und mich in meinen Zielen bestärkt haben. Wir leben diesen Traum zusammen und das ist erst der Anfang. We wish, dream, and do it. Ich weiß nicht, wo ich ohne Euch wäre. Aber ganz sicher wäre mein Leben nur halb so schön, wenn es Euch nicht gäbe. Ihr seid der Motor, der mich antreibt, und um ehrlich zu sein, fließen beim Schreiben dieser Danksagung gerade Tränen der Dankbarkeit über meine Wangen. Ich liebe Euch.

Ich will mich bei meinen Geschwistern bedanken. Dounia und Lamiya, danke, dass Ihr als meine großen Schwestern immer darauf bedacht wart, auf mich aufzupassen und mich aufzubauen, wenn ich schlechte Zeiten durchgemacht habe. Ich könnte mir keine besseren Freunde, Schwestern oder Familienmitglieder wünschen als Euch. Wir verwirklichen unsere Träume gemeinsam und ich liebe Euch von ganzem Herzen.

Ein großer Dank geht an meine Eltern. Mama und Papa, Ihr habt mich zu dem Mann erzogen, der ich heute bin. Ihr habt mir gezeigt, worauf es im Leben wirklich ankommt. Ihr habt mir beigebracht, dass die wertvollsten Dinge im Leben nicht mit Geld zu kaufen sind, sondern von Herzen kommen. Eure Liebe, Euer Vertrauen und vor allem Eure Unterstützung tagtäglich zu spüren, bedeutet mir die Welt.

Schwager, Du bist nicht nur der tollste Ehemann, den ich meiner Schwester wünschen kann, sondern auch wie mein eigener großer Bruder. Du stehst mir stets mit Rat und Tat zur Seite und hilfst mir, wo Du nur kannst. Manchmal glaube ich, dass ich nicht oft genug Danke sage – aber ich hoffe, Du weißt, dass ich ohne Dich nicht könnte.

Meine wunderbaren Freunde, danke Euch allen. Ihr wisst genau, wer hiermit gemeint ist. Ich habe nur eine Handvoll enger Freunde, aber ich bin froh, dass es Euch gibt. Ihr seid immer diejenigen gewesen, die mir gesagt haben: »Just go for it – Du schaffst das!« Dafür möchte ich mich bei Euch bedanken.

Danke an Tanja, die uns während der Arbeit an diesem Buch stets zur Seite stand und uns beim Schreiben und Schießen der Fotos unterstützt hat.

Zu guter Letzt will ich meinem Management danken, wobei das viel zu formal klingt. Wir sind ein Team und ich zähle Euch fast schon zur Familie. Danke an Sybill, meine Tolle, und an Jörg und Christoph, die in uns mehr Potenzial gesehen haben als viele andere und uns geholfen haben, über unsere Grenzen hinauszuwachsen. Das ist erst der Anfang. Ich freue mich auf die Zukunft und darauf, den kommenden Weg Schritt für Schritt mit Euch gemeinsam zu gehen.

Danke an jede Leserin und jeden Leser dieses Buches, ganz gleich, ob Du uns vorher schon kanntest oder uns erst jetzt kennengelernt hast. Wir hoffen, dieses Buch gibt Dir die nötige Motivation in Deinem Alltag und eröffnet Dir neue Blickwinkel, um die Chancen in Deinem Leben zu sehen und zu ergreifen. Ich hoffe, Du erkennst, dass wir unser Leben selbst in der Hand haben! Vielen Dank.

Lamiya:

Mit diesem Buch ist ein großer Traum in Erfüllung gegangen. Diesen Traum mit meinen Geschwistern realisieren zu dürfen, ist ein großes Geschenk in meinem Leben.

Ich danke meinem Bruder Sami, der mir gezeigt hat, was es heißt, an seine Träume zu glauben und hart dafür zu arbeiten. Er ist eine große Inspiration in meinem Leben und gibt mir immer wieder Kraft, weiterzumachen. Dafür liebe ich ihn über alles.

Ich danke meiner Schwester Dounia, die immer auf uns achtgibt und für uns da ist. Wir drei sind ein Trio, das nichts auseinanderbringen kann. Im Kindesalter haben wir uns versprochen, immer zusammen zu bleiben – und das werden wir auch.

Ich liebe meine Eltern, meine Familie und meine wahren Freunde. Ich bin dankbar für jeden Tag, an dem ich Euch an meiner Seite habe. In unserer Kindheit und Jugend habt Ihr uns das beigebracht, was die Essenz in meinem Leben ist. Zuneigung, Bodenständigkeit und der Willen, in diesem Leben etwas zu bewirken. Ich kann voller Stolz sagen, dass ich die besten Eltern der Welt habe. Ich danke Euch auch dafür, dass ihr immer auf meine kleine Katze Tipsy achtgebt und sie mit viel Liebe hütet, wenn ich gerade keine Zeit habe. Ich liebe Euch.

Ich danke meinem Schwager, der immer für gute Laune sorgt. Du schaffst es immer, uns zum Lachen zu bringen. Du bist immer für uns da, wenn wir Dich brauchen. Du bist wie ein großer Bruder für mich und dafür liebe ich Dich.

Ich danke meiner besten Freundin Ceylan, die immer für mich da ist, wenn ich sie brauche. Sie ist nicht nur eine Freundin, sondern eine Schwester, die ich in diesem Leben dazugewonnen habe. Sie hat alles mit mir erlebt und ist einer der wenigen Menschen, die mich zu hundert Prozent kennen. Ich danke Dir für all die langen Gespräche, für Deinen Beistand in guten und in schlechten Zeiten und für die Kraft, die Du mir immer wieder gegeben hast. Ich liebe Dich und bin dankbar, Dich als Gefährtin und beste Freundin in meinem Leben zu haben.

Ich danke meinen Fans, Zuschauern und Followern. Ohne Euch könnte ich nicht das tun, was ich liebe. Ihr habt von Anfang an an mich geglaubt. Ihr seid meine treuesten Begleiter und gebt mir so viel Kraft und Inspiration. Mit diesem Buch möchte ich Euch etwas zurückgeben. Wenn Ihr einen schlechten Tag habt, nehmt das Buch zur Hand und schöpft neue Energie! Ihr seid mein Glück, meine Liebe und mein größter Schatz, den nichts in der Welt ersetzen kann. Ich liebe Euch aus meinem tiefsten Herzen und werde immer alles geben, um Euch ein Lächeln ins Gesicht zu zaubern. Ich danke Euch für alles.

Ich danke Tanja Bertele, die uns dabei geholfen hat, diesen Traum zu realisieren. Sie hat immer einen kühlen Kopf bewahrt und uns Slimanis stundenlang hautnah miterlebt. Danke für Deine Geduld und dafür, dass Du immer die richtigen Worte gefunden hast, wenn unser Vokabular nicht mehr mitgemacht hat.

Zu guter Letzt danke ich all den Menschen, die uns an der Hand gepackt und an uns geglaubt haben. Die in uns mehr gesehen haben als alle anderen. Danke Sybill, Jörg und Christoph. Ihr seid Teil unserer Familie und ich bin dankbar, Euch zu unserem Leben zählen zu dürfen. Danke, Sybill, für Deine Geduld. Du hast unser Temperament in all den Jahren kennen- und uns mit all unseren Seiten lieben gelernt. Wir sind ein Team, eine Familie, die ich niemals missen möchte. Mit Menschen wie Euch meine Träume verwirklichen zu können, ist ein Geschenk im Leben. Wir können immer auf Euch zählen und sind Euch dafür unendlich dankbar.

Dounia:

Ich möchte mich in erster Linie bei meinen Geschwistern Lamiya und Sami bedanken. Ohne Euch wäre ich heute nicht da, wo ich bin. Gäbe es Euch nicht, wäre ich nicht Teil dieses tollen Dreiergespanns, wir könnten uns nicht gegenseitig inspirieren, füreinander kämpfen und gemeinsam unsere Träume leben. Ich kann mir keine besseren Geschwister als Euch vorstellen.

Ohne unsere Eltern, ohne Mama und Papa, ohne Eure Erziehung, Liebe und Fürsorge, hätten wir nicht so viel erreicht. Ihr habt uns ein starkes Fundament für unser Leben geschaffen, Ihr habt uns beigebracht, gute Menschen zu sein, und uns immer unterstützt und beschützt.

Ich bedanke mich bei Tanja Bertele, die uns dabei geholfen hat, unsere Gedanken zu sortieren und die Texte zu strukturieren. Manchmal weiß man, was man sagen will, aber es fehlen einem die richtigen Worte – und genau in solchen Momenten hast Du Sami, Lamiya und mich tatkräftig unterstützt.

Ein riesengroßes Dankeschön geht an unsere Zuschauer, Follower, Leser und Fans. Ihr seid es, die uns dabei helfen, unsere Träume zu realisieren. Ihr seid es, die uns täglich motivieren und glücklich machen. Ich liebe den Austausch mit Euch auf allen Plattformen. Ich liebe es, von Euch zu lesen und mit Euch zusammen jeden Tag einen neuen Weg zu gehen. Worte können nicht ausdrücken, wie glücklich ich bin, damals öffentlich die Wette auf YouTube verloren und dann meinen eigenen Kanal gestartet zu haben. Unsere Community ist einzigartig. Ich freue mich auf die Zukunft mit Euch!

Natürlich möchte ich mich auch bei meinem Ehemann bedanken. Du bist immer für mich da und unterstützt Lamiya, Sami und mich in allen Lebenslagen. Du fotografierst, Du motivierst und Du hilfst uns immer. Danke dafür.

Und, last but not least, möchte ich mich bei Sybill, Jörg, Christoph und bei all unseren liebsten Freunden bedanken. Ihr habt alle von Anfang an an uns geglaubt. Das Schicksal hat uns zusammengeführt und ich kann mir kein besseres Team, keine besseren Freunde, Partner, keine bessere Community und keine bessere Familie vorstellen als die, die ich jetzt habe. Ich freue mich auf die Zukunft mit Euch.

HINTERGRÜNDE
GEWINNSPIELE
VERANSTALTUNGEN
AKTIONEN
DISKUSSIONEN
NEUIGKEITEN

Alle aktuellen Infos zu unseren Titeln

www.facebook.com/EdenBooksBerlin

www.edenbooks.de
hallo@edenbooks.de

Eden BOOKS

Impressum

Dounia, Lamiya und Sami Slimani
Das Slimani-Prinzip
ISBN: 978-3-944296-85-2

Eden Books
Ein Verlag der Edel Germany GmbH
Copyright © 2014 Edel Germany GmbH, Neumühlen 17, 22763 Hamburg
www.edenbooks.de | www.facebook.com/EdenBooksBerlin | www.edel.com
2. Auflage 2014

Text: Dounia, Lamiya und Sami Slimani mit Tanja Bertele

Projektkoordination: Nina Schumacher
Lektorat: Tanja Bertele
Umschlagabbildungen: © Nico Klein-Allermann | www.klein-allermann.de
Umschlaggestaltung: BüroSüd | www.buerosued.de
Layout und Satz: Graf & Stratmann GbR
Druck und Bindung: optimal media GmbH, Glienholzweg 7, 17207 Röbel/Müritz

Bildnachweis:
S. 10, 13–16, 21, 27, 33, 57, 63, 69 (unten), 75 (unten), 88–89, 95, 158–159, 188 (oben), 215, 220: © Nico Klein-Allermann | www.klein-allermann.de

S. 17, 22, 28, 32, 37, 42, 44–45, 49 ,51, 56, 61–62, 65, 68, 69 (oben), 71, 74, 75 (oben), 77, 82, 87, 94, 97, 106–122, 126, 130, 136–156, 163–167, 169–170, 172–187, 188 (unten), 189–193, 195–202, 209, 211, 214, 224–232: © Dounia, Lamiya und Sami Slimani

Die Ratschläge in diesem Buch wurden von Autoren und Verlag sorgfältig geprüft, dennoch kann eine Garantie nicht übernommen werden. Eine Haftung der Autoren bzw. des Verlags und seiner Beauftragten für Personen-, Sach- oder Vermögensschäden ist ausgeschlossen.

Alle Rechte vorbehalten. All rights reserved. Das Werk darf – auch teilweise – nur mit Genehmigung des Verlages wiedergegeben werden.

Printed in Germany

Dieses Buch ist auch als E-Book erhältlich.